和顔愛語《わがんあいご》で心の花を咲かせよう

泉龍寺住職が伝えたい「ありがとう」と笑顔で生きるための法話

三島道秀

22世紀アート

目次

心の笑顔

はじめに
伝えられ伝えてゆくために

新しい二十一世紀となりました。二十世紀より今に何が伝えられたのでしょう。同じように、祖父母より、父母、そして自分、又、次世代の子、孫、近所の子供達に何が伝えられ、何を伝えて行くのでしょう。

わたしの娘（六歳）がある時に、むずかしい顔をしてやってきました。台所の冷蔵庫前での会話です。

「おとうさん、大きいばあちゃん（私の祖母）は死ぬよね」

と。わたしは、びっくりしましたが、

「うん」

と、うなずきました。すると、

「小さいばあちゃん（私の母）も死ぬよね」

と、又、

「うん」

と、うなずきました。

「それなら、お母さんも死ぬよね」

と、目をまんまるにしてさらに聞きます。私は、

「うん」

と、いったいどうしたのだろうと思っていると、又、

「そのあと、お父さんも、お兄ちゃんも死ぬんだよね」

と。

「うん、そうだよ。みんな、命があるからね」

と言うと、

「それなら、わたしは一人ぼっちになるよ」

と、泣き顔になってしまいました。

わたしは、この時、娘がいとおしく、涙が出そうになり抱きしめました。でも、反面、嬉しく思いました。この子には、人の死ということが見えてきたのかと。

数日して、こんどは息子（八歳）が、夜寝る前に布団の中で、

「お父さんは一所懸命働いているのは、ぼくたちを大きくするため？」

と。

「そうだよ」

と、

「でもだんだんと、ぼくたちが大きくなって大人になると、お父さんはおじいちゃんにな

るんだよね」

と、私の父は五十代で他界しているため、私は、

「うん、そうなりたいなあ」

と答えると、

「それじゃや、ぼくたちが大人になってお父さんになって、ずっとすると、お父さんは死んじゃうの」

と。

「うん、そうだな」

と答えた後、息子は、

「ぼく、お父さん、死んでほしくない」

と、しがみついてくれました。

現在、わが家には、九十四歳になるわたしの祖母がおり、アルツハイマー性老人痴呆性

（現・アルツハイマー型認知症）で自宅で介護をしています。又、わたしが師（父）を亡くして後の師である故和田秀賢老師の葬儀、米子市の法蔵寺のおばあさんの葬儀等、一緒にお線香をたてに行きました。

祖母や故秀賢老師、法蔵寺のおばあさんが、『老いる』ということ、『死ぬる』ことを、子供たちに教えてくださったのだろうと思います。そして『人のこころ』『情』と言った心の痛みは、自分が経験しなければわかりませんが、それを伝えるべく世の中ができているように思うのです。葬儀の時、お別れにお棺にお花を入れます。大人はこんなものだと思って入れる。子供たちは、

「さよならを言ってお花を入れるんだよ」

と言われ、訳も分からずお花を入れるのですが、まわりの雰囲気が、大人のようすがいつもと違う。そして、お花を入れて顔を振り上げると、そこには涙を出している父母の顔、あの何時もはこわい顔をしているおじさんも、何時も冷静なおばさんの目も赤くなってい

る。子供たちにとって、大人が泣くということは不思議なことなのです。

つまり、ここで、死ぬということは大変なことだ。だから、大切な人もいつかは死ぬが、死んでほしくない。自分も死んではいけない。葬儀は、人も殺してはいけない、命を大切にしなくてはならないと言うことを伝えるための人間にとって大切な儀式だと思います。

「死ぬ」と言うことを基本として、その前の「老いる」「病気」という苦しさや、辛さを身近に考え、そして命の尊さを知るため、皆が葬儀を勤めていたのです。私は、葬儀にはできるだけ子供さんを参加させていただくようお願いをしています。騒いでも、やんちゃを言っても、そんな心配より、もっともっと大切なものがそこにあります。もちろん、大人の真剣な様子、父母、家族の死についての説明、そして和尚さんの子供にもわかりやすい法話が必要となるでしょう。

昔より続くいろいろな生活習慣、儀式、教えのなかに、この老いるということ、死ぬということ、病気ということ、さらに、生まれる、生きるということの大切さが伝えられてきたのではないでしょうか。この「生老病死」という自分の思い通りにならない一番やっかいなものが、一番大切に伝えられて今日に至り、又、一番大切に次の世代に伝えなくてはならないものと思うのです。この本はそんな思いを踏まえてのお話であります。

この法話は、一九九九年、米子市の文化ホールで開催された「人生大学」での講演を、文章にまとめたものです。この時からすでに二年が経過し、現在に至り、多くの反省と、勉強をさせていただいております。その経験をさらに書き加えさせていただきました。

私たち人間の心には、他人に認めて欲しい、そして理解して欲しい、褒めて欲しい。そんな思いが基本にあるように思えてきました。この思いを実現させる一番の方法が、なごやかな顔で愛(いつくしみ)の言葉を掛け合って行く事と思うのです。幸せの明日を描くために、少しでも大人たちの心から青少年の心に、この思いが響けばと思うのです。

鳥取西部地震

平成十二年十月六日の鳥取西部地震により、被災されました皆様に謹んでお見舞申し上げます。私が住職をつとめる寺のある黒坂も震源地に近い町という事で、テレビや新聞にしょっちゅう取り上げられました。

地震の時、私は、米子市内を車で走っておりました。走っておりましたら、急にパンクしたと思いました。走れなくなって止まったら、それが米子の消防署の前でした。消防隊員の方がドドッと出て来られて、「助けに来てくれたのかなぁ」と思ったら、皆、空の方を見上げ消防署のビルのほうを心配されておりました。私もあわてて黒坂に帰って行きましたが、普通五十分位の道のりがだいたい一時間半か二時間ぐらいかかりました。

途中、天井くらいある大きな石が道路の真ん中に落ちていたり、地割れしていたり、そこをよけながら車で帰って行くと、黒坂に近づけば近づくほど、次第にひどくなってきました。

私はここ五年間ほど、子供達の心について話をしてきました。この度、地震に出会い考えを新たにいたしました。その事をこれから、お話し致します。

黒坂にやっと入って行きますと町の人が皆、呆然とされております。家が壊れているのです。酒屋さんは店の品物が外に放り出されて、今にも泣きそうな顔で掃除をされている。その町の中を車を運転しながらお寺に帰って行くと、途中で子供の同級生のお母さんと同級生に出会いました。

「大変な事になったね……」

と言いますと、

「あっ三島さん、早く小学校の校庭に行って下さい。子供達が皆、待っていますから……。

先生が親御さんに早く迎えに来て下さいと言っておられます」

「分かりました。それじゃあ」

と言って、私は急いで小学校へ行きました。学校でやっと子供達に出会えました。

「大変だったな。よし、帰るぞ」

その時、娘が膝を手のひらでさすりながら、

「お父さん、ここが痛い。ここが……」

と言っているんです。

「よしよし、でも後、後……後からな」

後日、聞きましたら、どうも外の階段の所で地震に遇い、そこでころげ落ちてすり傷をした。その後は怖くて、養護の先生に抱きついて泣いていたようです。私が米子から帰る間、一時間半か二時間ずっと泣いていたのかもしれません。やっとお父さんの顔が見えた。

「お父さんここが痛い」と言っても冷たく、後からなと言われてしまった。

小学校から家までの間、約一キロです。その間、黒坂の皆さんが呆然として立っておられます。その時、私は車の窓を開け、

「大変ですね。がんばりましょう」

と言いながら、笑顔で元気づけていました。そして家に着きました。家の屋根も部屋の中もすべてのものが倒れていました。灯篭も倒れていました。墓石は約一〇〇%、手をかけなければいけない状態で、裏山は崖崩れがしている。そして位牌堂のお位牌はほとんど落ちてしまっている。そういう状況のなかで午後四時くらいになっていましたから、御飯を食べる所と寝る所をまず確保しようというので、子供達に自転車用のヘルメットをかぶせ、軍手をはめさせ、ダンボール箱をおいて、そこに台所で壊れたものを入れるように頼んだのです。

私はお寺のまわりを点検し、カメラを持ちながら写真を撮って全体を把握しました。しかし子供の事ですので、一時間もするとすぐに飽きてしまいます。私は大変な事になった

な、どうしようかなと考えながら台所に帰ると、子供達はさっき言い付けた台所掃除はそこそこにして、電気は通っていたものですから、もうテレビゲームを始めているんです。

「お父さん達はこんな大騒ぎなのに、お前達は何でテレビゲームだ！」

鬼のような顔をして怒ってしまいました。これが後から聞くとやってはいけない事だったようです。

どういう事かと言いますと、ドドーン、ドドーンという地鳴りと、余震の中、子供達は二時間くらい外で待っていたんです。そして、やっとお父さんに出会えた。そして傷を得たこと、怖かったこと、そんな事をお父さんはどう聞いてくれるんだろうか。痛かったな。大変だったな。そうか、そうだったのか、階段から落ちたか、養護の先生のところで泣いてた、お父さん、早く来ればよかったなぁと聞いて欲しいのに、「後から、後から」と言い、さらに他の人には、「がんばりましょう」と笑顔で言う。

阪神淡路大震災から本年で丸六年になります。そして私は本年他界された方の七回忌の供養にも行きました。その阪神淡路大震災の後に今、奥さん方が今だに心のカウンセリングを受けられている。何でカウンセリングを受けるかというと、地震が起こった時、阪神淡路大震災は明け方でした。一緒に寝てて地震が起こった時に、旦那さんがまず最初に逃げたんだそうです。そして奥さんや子供たちだけが残ってしまった。

そして今、六年経つんですが夫は本当に愛してくれているんだろうかと疑心暗鬼になっている。そういう状況なんだそうです。又、地震の時に違う所にいらっしゃった旦那さんが出張で、例えば鳥取に居た、例えば東京に居た、そして阪神のマンション内で地震に遭遇したのは奥さんだけであった。これが地震の後、半年、一年目に二人で話をする時、

「怖い地震だった。大変だったあの時は……」

と言っても、

「ふぅーん」

と言うんだそうです。

「だって、鳥取でも地震が起こったらしいよ」

「ふぅーん、大変な事だなぁ」

もっと親身に考えてよと地震を経験した人は言うんですが、地震にあっていない人はふぅーんと言う以外には答えようがないのです。あれから六年になりますが、どんどん仲が悪くなっている夫婦があるというんです。これは私も感じました。私は米子で遭遇した、家にいた母親や学校に居た子供たちの恐ろしさは分からないのです。

そこで最初に言った、最初に逃げてしまった夫の事が悔しくって、それから不安で仕様が無い。自分の事をわかってくれない。怖しさが伝わらない。まさに子供達がそうだったのです。私達のお父さんは一番、僕達を守ってくれる人なのに、人には笑顔で、

「大変ですね、がんばりましょう」

と言っておいて、私が痛いと言う時には、何も言ってくれない。それからやっと家に帰ってほっとして、さぁ心が開けるぞ、テレビゲームでもしたいなぁとやっていると、また

怖い顔をして怒鳴る。

「何してんだお前達！　片付けなくてはいけないだろうが！」

と、怒ってしまう。きちんと説明すれば良いのに、頭ごなしに怒ってしまう。そこで子供達は心を出そうとすると、怖い顔をして叱られる。それなら私達はずっと心を閉めていた方が、お父さんやお母さんの為なんだなぁという心になってしまうのだそうです。

その後、三ヶ月くらい経つと出てくるんだそうです。「わぁー」と夜中に起きてしまうとか、それからトイレにいけなくなってしまったとか、奇声を上げるとか怖い夢を見るとか、その時に起こってくる。何故かと言うと三ヶ月くらいするとやっと大人達もほっとするんです。これは不思議な事に葬儀後の四十九日、百ヶ日というのもそうです。だいたい四十九日は一ヶ月位、百ヶ日は三ヶ月くらい法要を行ないますけども、自分の親しい人が亡くなっても三ヶ月するとそれでもちょっと落ち着いたかなぁという状況になるのですが、その頃に子供達に何かが起こる。

つまり子供達のこの状況は地震の時だけじゃあなく、まさに日本全体が今この状況にあるんじゃないかと思います。現在の青少年の犯罪や心に病気を持つ子供達は心を閉ざし、大人から見ると、「良い子」を演じているのではないでしょうか。この心の満たされない思いが、数年にわたり蓄積され大きな問題を引き起こしていると思うのです。

和顔愛語とは

和顔（わがん）と言いますが、正式にひもときますと和顔（わげん）という言い方もあります。又、和顔愛語（わげんあいご）という言い方もありますが、わかりやすくここでは和顔愛語（わがんあいご）としておきましょう。『和顔愛語』とは、どういう事かといいますと、こうやって目を細めて、笑顔になって「どうも、皆さんお疲れさまです。これから長い話が始まりますよ」と、これが和顔のようすで愛語をかたむける事なんです。

愛語とは、「こんな若い住職の話を聞いて下さいまして、本当にありがとうございます。こんなにたくさんの方が集まって下さるなんて、本当に嬉しくて、本当にありがとうございます。どうぞお楽になさってくださいね」というのが、愛語なんですね。

結論はこういう事です。笑顔でこのように接して、そして和顔で優しい慈しみの言葉を伝える。これが今日の題名で、これだけ言ってしまうとこれで終ってしまいます。今日はこの事を伝えておこうと思うのですが、これが今出来なくなっております。この笑顔で、「どうもありがとう」という言葉が、いまどんどん無くなっているのです。大人も子供も、この笑顔で「どうも、ありがとう」と言えるような、家庭とか地域、社会を、今一度、皆で取り戻してみませんか。

子供達の今の事件を見て

今、子供達、中学生、高校生の心が、おかしくなっています。いや、それだけでなく、二十代以上の大人達も。この原稿を書く間でも、県内でも少年犯罪が、又、尼崎では小学校六年生の殺人事件が起こってしまいました。あらゆる少年犯罪が、三日、四日に一回の割合で起こっているそうです。

子供達の今の状況について、事件の本を紹介します。

十年くらい前に女子校生コンクリート詰め殺人事件という事件がありました。女子校生を監禁して乱暴して殺してしまった。その後ドラム缶の中に女子校生をいれて放置してしまった事件、これを扱った本です。『佐瀬稔うちの子がなぜ！　女子高生コンクリート詰め殺人事件草思社』。これは十年くらい前にあった事件の記録が書かれています。近年はどうかといいますと、ここに本があります。これは「少年Aこの子を生んで（少年A父母著）文藝春秋刊」という本です。

昨々年、男の子の遺体の一部を校門に置いていった事件です。その事件を書いたものです。少年Aのご両親が本を書いておられます。こういう悲惨な事件が次々と起こってしまいました。そしてこの事件の前後には、子供達がナイフを持っておりました。中学生達がどんどんナイフを持ち、友人を刺し、そして学校の先生を刺す、警察官の鉄砲が欲しいからナイフで脅して取ろうとした。こういう悲惨な事件がたてつづけに起こりました。今、子供達の心が満たされていないのかと心配しています。

心が満たされていないという事とは

「心が満たされない」という言葉は、言ってしまえば簡単な言葉ではありますが、具体的にどういう意味合いと思われますか。

昨年の夏は暑かったですね。夕方から夜、帰宅する時どういう訳でもなく、顔がしかめ顔になります。額に皺を寄せ、苦虫をかみつぶした顔をして、

「ただいま……」

と、元気なく、多少怒り声にも聞こえる。なぜ、そんな顔をして、なぜ機嫌悪く、家に帰って来るのでしょう。

不思議なことに、車を運転している時、対向車に知り合いを見ると、笑顔で会釈をしま

す。また、車庫に車を入れ、車庫より玄関までの間に、近所の人に出会うと、

「暑いですね」

「雨がぜんぜん降りませんね」

「まあ、頑張りましょう。ビールでも飲んで」

と、笑顔をして挨拶を交わします。しかし、玄関を振り返り、だんだん家が近づき家の中に入った時には、あの、額に皺を寄せ、疲れた顔になっているんです。

なんで、あんな顔になるんでしょう。

それは、たった一つの言葉を期待しているのです。

「お疲れさま、大変だったね。暑かったでしょう。ご苦労さま」

家の中で待っている人に、こう言ってほしいのです。「わたしは、疲れている」「私は辛くて大変だ」「一所懸命に働いている」と言う事を家族に、一番甘えたい人に認めてほしいのです。それを分かってくれるようにする顔であり、態度なのです。

しかし、

「どこで、飲んできたの」

「頼んでおいた、お豆腐を買って来てくれた」

なんて、心ない言葉で、「疲れ、辛さ」に追いうちをかけてしまう。帰って来た人は、「むかっ」となってしまう。そして、自分の事は誰も分かってくれていない。と、勝手に思い込んでしまう。


大人でさえこうなのに、子供達に、「お疲れさん、お帰り。暑かっただろう」と、言っていますか。まだまだ甘えたいのに、こんな言葉をかけてくれる大人が居なくなってしまった。

子供達は、大人と同様に、早い子は0歳から保育所に通い、頑張り、夕方に帰って来る。それから、後には親の言う通り、スポーツに、塾に通い、他の人に挨拶をし、親の、大人の喜ぶように演じるのです。

又、平成十三年の成人式では、成人の人達（？）が会場で暴れ、注目を受けましたが、この二十代にも、見てほしい、もっともっと自分の方を見てほしい。かまってほしいと言う状況が、よく伝わってきました。幼い頃からの思いが、今出ているのだと思います。心の満たされぬ思いは、年々、日々増しているのです。

しかし、「満たされない心」は、誰でもが持っていると思います。先日、ある講演会の会場で、百名くらいの主婦の方々に、

「心が満たされている方、いらっしゃいますか」

と、お聞きしたところ、殆どの方が頭を下げ、下を向いてしまわれました。そこで、

「幸せの方、いらっしゃいますか」

と、お聞きしたところ、幸せな方はいらっしゃるのです。

「今の生活に、満足ですか」

と、聞いたところ、今の生活に満足な方はいらっしゃるのです。

つまり、満たされていなくとも、何かの方法により心を満たすことができるのです。それは、夫・妻・祖母・祖父・子・友人・趣味、そして宗教等々により、その場所の人々に認められ、心を満たして行くのではないのでしょうか。

この、他を満たす心を持った人が、無くなっていると思うのです。

「心が満たされぬ」ということ、わかっていただけたでしょうか。

すべて心なんです。心が満たされていない。「アメリカで銃の乱射事件がありましたね。あの銃の乱射事件が、やがて十年もすれば日本でも起こりますよ」と話しをしていたのです。そうしたら、ついこの間、東京で起こってしまいました。池袋の通り魔事件です。

その後、こんどは下関でも同じような事件が起こってしまいました。こりゃあえらいことだなぁ、十年なんていっているけどすぐに起こっちゃった。日本では銃がアメリカのように手に入らないから、包丁やナイフなんですね。

一体、日本はどうなるんだろうか、子供たちはこれからどうなるんだろう。どうして心が満たされぬ状況がおこったのだろう。思っていました。その時、自分の子供を見ながら、「はぁー」と思ったんです。ここで大きな原因を上げますと、私は原因がここにあると思います。

忙しいという事、毎日が忙し過ぎるんです。誰もが、社会全体が忙し過ぎるんです。

忙しい（心が亡ぶ）

「忙しい、忙しいんです。毎日、みんな」私も忙しいのです。こうやって本の原稿を書いたり、ご法事にお葬式、講演会、今夜はＰＴＡの会合、明日はお寺さん方の会合、自治会等々、まぁ忙しいです。皆さんも忙しいでしょ、お法事とかお葬式が終った後、皆さんはどう言ってらっしゃるか、

「皆さん、どうもお忙しい中をありがとうございました」

と、言われるんです。それから文章にも、御多忙中、恐縮に存じますがと、多忙とは忙しいのが余計に多くなるんですよ。その中どうも来て頂いてありがとうございましたと書いてあるんです。この忙しいという字のリッシンベンが心という字で心が亡ぶと書いて忙

しいと読む。お母さん方がよく言ってますね。

「お父さんお母さん忙しいんだから、自分でしなさいよ。我慢しなさい」

と、あれはどう言っているかというと、

「お父さんやお母さんの心は亡んでいるから、お前の心も亡んでしまえ」

そうしたら子供達は、

「いやだー」

と、言っているんです。最初の頃は、

「そんな事を言うんだったら、ディズニーランドに連れていかないぞ。正月のお年玉もあげられない。お前たちの為にお父さんやお母さんは一所懸命に働いているんだからね！」

と言うと、子供は我慢をする。やがて子供達はどう言うかというと、

「うん分かった、いってらっしゃい」

と、言うんです。それは「うん分かった、僕達の心も亡ぶからね」と言っているのと同

じです。そして、その中で子供たちはどういう状況になるかといいますと、我慢をするんです。そしてその時、忙しいお父さんお母さんの顔はどういう顔か、おでこにしわをよせたこわい顔なんです。自分が辛い事があったら余計に辛い顔をして見せなきゃいけないんです。自分の辛さ、苦しみをわかって欲しい……、特に家族には。今日はえらかった、疲れたなと。大人が自分の心を満たすために。

でもそういうような顔は、一番子供達は嫌なんです。皆さんも嫌でしょ、ご主人や家族がそういう顔をしているのは。子供達は大人達の顔に敏感なんです。赤ちゃんが、ハイハイを始めます。ハイハイを始めて必ず後を振り返ります。その時お母さんが、「よしよし、おーよしよし」笑顔で見ていると、赤ちゃんはまた前に進むことが出来るんです。

後方でお母さんが、「はぁ〜」と辛い顔でため息をしていると、赤ちゃんは前に進む事が出来なくなってお母さんのもとへかえって来るんです。今、不登校の問題が起こっていますけど、これもあるんだそうですね。家庭の中に不和がある。家の中に笑顔が無い、それが心配で外に出る事が出来ないというんです。大人も子供も、自分の事がわかって欲しい。しかし、そんな心の余裕がないのです。

家族を笑顔にするため、「ガンバル子供たち」

家庭の中の大人達が満たされていないという状況の中で、子供達はどういうことを始めるかというと、「お父さん、お母さん、家族を笑顔にしよう」という努力を始めます。それからは、

「お父さん、お母さんは忙しいから我慢しろよ」

怖い顔と怖い声で言いますと、

「うん分かった、私、我慢するよ。僕、頑張るよ」

と、言い始めるのです。その時、親はどういう顔になるか

「まぁ、いい子だなぁ、大きくなったねえ」

「しっかりしてるね」

と、笑顔でやさしく言うんです。子供達は「これだ！」と、「大人を笑顔にするには僕達がガンバレばいいんだ」、「私達が我慢をすればいいんだ」と、それから彼らはずっと我慢を始めます。大人は今度からは、当然の事となり、また忙しさの中に入り子供達を褒めることを忘れてしまいます。しかし、子供はそのまま我慢を始めて本当にいい子でいようとします。そして、良い子を演じ始めるのです。

だから今の子は良い子なんです。そしていい子がいろいろ事件を起こすようになっていくんです。このいい子が学校に行きますと、学校の先生は「勉強がんばれ」、「スポーツがんばれ」、「友達付き合いがんばれ」と言います。彼らはがんばります。頑張って頑張って、学校でもいっぱいのストレスを抱えてお家に帰ります。家に「ただいま」と帰っても誰もいないんです。

疲れた心を迎えてくれる、認めてくれる家族が今いない。おじいさんかおばあさんがいらっしゃる家庭は本当にいいと思います。「ただいま」「おかえりなさい、大変だったね」と、こうやって笑顔で迎える家族がないんです。そしてこの現象は昭和三十年代、高度成長期の頃から起こるようになりました。

首に彼らは鍵をぶら下げ、「ただいま」と帰っても誰もいない。そしてアパートの鍵を開けて帰る。そこにはちゃんと置き手紙がしてあっておやつが置いてある。もしくは五百円がある。晩御飯には、ほかほか弁当でも買って食べなさいとか、そのお金を持ってじっと子供達は待っている。もしくは一人淋しく食事をする、又、ゲームセンターで遊ぶ、そういう状況だったんです。

その子供達は「かぎっこ」と呼ばれていました。そしてその昭和三十年代、四十年代に育った子供達が私達の世代なんです。そしてもう親になっているのです。この間ありましたね。コインロッカーに赤ちゃんを預けてラーメンを食べに行かれたお母さん。まあ大変にひどい事をするお母さんだなぁ、と思ってしまうんですが、実はそのお母さんを責められないんですね。何故かというと、そのお母さんの世代は「かぎっこ」であったり、預けっぱなしであったり、逆に過保護で育てられ、何かが欠けてしまったのです。

そう、その何か大切な物を、あの高度成長期の時になくしたのです。私達は非常に豊かな生活を今、得ています。物に豊かな生活の中、今、多くのゴミの問題を心配しなければいけない状況にまでなっている。でも何かを忘れてしまった、その何かとは、私はこれを忘れたと思います。（〝忘れる〟も心が亡ぶと書きますね）

情という事、つまり人を慈しむ心が忘れられてしまいました。そして心を育（はぐく）むための環境も無くなってしまったのです。

情（心の基礎）

「情」、人情、愛情、感情、このそれぞれの情を忘れてしまったような気がします。これもリッシンベンが書いてあります。リッシンベン忄を書いて、横に青いという字が書いてあるのですが、このリッシンベンがやはり心という字です。心が青と書いてあるのですが、青というのは空の青とか海の青という青、いわゆるブルーではないんですね。この青というのは実は昔はグリーンだったのです、緑色。だから手紙を書く時に、「青葉輝く頃、皆様には御健勝のことと思います」とか書きますね。それから今でも若い人をつかまえて、「お前まだ青いな、まだもうちょっと経験が必要だな」と言う。柿の実は赤く熟れてゆきますが、この間までは青かった。つまり熟れるもとを表す、基礎を表わすんだそうです。

この青は、グリーンは。ですから心の一番基礎と書いて情と読むんです。この情が今、家庭から地域から社会から無くなってしまいました。

自分らしく

家庭の情

家庭の中の情では、どういうのがあるのか。昔、風呂に行く時に、風呂に入るとき、

「お風呂お先にちょうだいします」

と言っていました。そしたら、

「どうぞ、ごゆっくり」

という言葉が返ってきませんでしたか？　この間、私、法事がありまして、あるお宅でこの事を聞きましたら、一人だけです、お爺さまが「はい」とおっしゃいました。後は無いんです。「そんな言葉あるんですか」

という言葉がありました。「お風呂お先にちょうだいします」て、何であの言葉が出来

たかと考えますと、風呂を沸かすのは大変な作業だったのです。水をまず桶で汲まなきゃいけない。今は水道から出ますけど。それから炊き口に小枝とか杉葉を入れまして火吹き竹でふぅとやっていました。それでやっと火がついて燃えてくるんですが、やっと沸かしたお風呂はだいたい二日か三日に一回沸かして使えるのですね、ひどい時なんかは四日か五日に一回しかない。

そのお風呂を、やっと沸かしたお風呂を、先に使わして頂きますよという感謝の気持ちで、

「お風呂をお先にちょうだいします」、すると「どうぞ、ごゆっくり」「ゆっくりあったまりなさいよ」という言葉が返ってくる。

そうして、中に入る。入ったら、昔のお風呂は垢が浮いてました。それを桶ですくってました。お湯の中に桶を入れ、ゆっくりとすくっていました。子供心にあの姿を見ており、また湯船につかって見ていますと、垢が桶にトロトロと入ってくる。おもしろくってね。

お風呂に入ると、「こうやってするんだ」と思っていたんです。今はそういうこともなくなってしまいました。又、オチンチンとお尻をまず洗って湯船に入る事までも今、なくなってしまった人も多く見かけます。

これはつまり、公共の場所を綺麗に使いましょうということなんです。家族というのが社会の中の一番小さな社会なんです。単位なんです。その社会の中でもみんなが使う場所を綺麗に使いましょう、というのがあの当時の考え方です。それが家で伝えられていた。でも今は公共の場ほど汚いものは無い。公園のトイレとか、本当によごしっぱなしで出ていく。次の人が気持ち良くつかえる場所として教えていないんです。

そして、またきれいに整頓して、それから風呂から上がる時に、

「お風呂、お先にちょうだいしました。いただきました」

すると、

「どうぞ、ごゆっくり」

「ゆっくりあったまれば良かったのに」

というねぎらいの言葉がかえってくる。今度は入った方が、

「薪、一本くべとくからね」

と言います。またまた、次の人への配慮をする。そうするとまだ入らない方が、

「ありがとう」

と言う。毎日、もしくは二日か三日に大人が大きな声でこの掛け合いをする。大人が子供達に見本を見せていた、それが今は無いんです。それは二十四時間、お風呂に入れるからです。そして、あの湯加減を見る時も、手を入れまして、自分の湯加減がこれ位だなと、これが私にちょうどいいんだから、たしかあの方はちょっとぬるめが好きなんだよなというんで、ちょっと水を足して、

「お湯がちょうど良くなりましたよ。どうぞお入りください」

と言っていたんですが、今はちがうんです。

「お風呂入りましたから、後は自分で適当に調節して下さい。湯と水が出ますから」

自分のいい加減さも分からなくなってしまって、そして湯の加減はあなたが適当にやって下さいという。思いやりもなくなってしまっている。それが今の家庭の中の状況じゃないのでしょうか。そしてそれこそが人のことが見えなくなった事のあらわれではないのでしょうか。

地域の情

「地域の情」と言いますと、たとえば私は家から歩いて八百メートルほどの所に保育所があります。そこに、子供の手をつないで歩いて行くんです。そうすると、高校生がこうやって来るんです。背をまげて、ポケットに手を入れて、つっぱった格好で。大変な格好して来るなぁ、昔はああだったんです、（私も）実は。今はこうやって綺麗に頭を剃っておりますけれど、昔はひさしみたいな頭をしておりまして、いやあ懐かしいなぁ、と思うんですけど、その生徒に、

「お早うございます」

と、私が挨拶をするんです。

最初の頃は、変な奴がおるな、変な和尚がおるな、みたいな目で見ているんです。それでも、いつも、

「お早うございます」

と言っておりますと、次第に、つっぱりのお兄ちゃんの方から先に挨拶するようになりました。ちょっと、上目づかいに、

「ウォッス」

そして、次第に、次第に近づいてくれるのです。最近はつっぱりではなく、耳のあたりに光るものがあったりして、なんかちょっと変ってきたなぁと思うんですけど、そういう子もやっぱり挨拶をしてくれる。一人だけ挨拶をしてくれない子がいました。あれは一昨年だったでしょうか、自転車で来る生徒だったんですが、その生徒に優しく、

「お早うございます」

と言うんですが、無視をする。タイミングがいるんですね。様子を見て、ここだと思っ

て、今度は元気よく、

「お早うございます」

と、でもまた、無視される。又、別の日に向こうから来るんで、「よし、もっと間を見て挨拶をしてやろう」と思って見ておりますと、今度は向こうの角をすっと逃げていくのです。「ああ、やられた」と思いましたが、去年、その子に突然に、

「あぁ、お早うございます」

と言ったら、ほんの少しだけ頭をさげて、

「ウッス」

と言ってくれたんです。あれは本当に嬉しかった。

よく怒るお父さんがいます。「最近の若い者は、挨拶一つできません」と、でもそれは違います。あなたが一週間でも心を開いて、「お早うございます」と言ってごらんなさい。必ずその子も「お早うございます」と言ってくれますよ。

ただ、一年間挨拶をしても挨拶を返してくれない子もいます。これは一年間大人に心が開けない何かがあったんです、家庭の中か、地域の中か、学校の中か、一年間その長い期間、大人の知らない何かがあったから、心を開くことが出来なかったんです。

それを開くのも実は私達なんです。それが地域の情のような気がします。昔はありました、晩秋から春に向け、五時になったらもう暗くなります、五時になっても、まだ遊んでましたら変なおばさんがおりまして、

「なにしとる、早よう帰らにゃ、お母さんが心配しとるで」

なんて叱られまして、何処のおばさんだろと思いながらも、いやいやながら、

「はぁーい」

と帰った思い出があります。それからポケットに手をつっこんでこうやって歩いておりますと

「そげして歩きよると、転んだ時に鼻をすりむくぞ」

と言う怖いおじさんがおって、何処のおじさんだろうかなと思いながら、恐るおそる、

「はーい」

と言って手を出してたものです。地域の人々がいつも子育てをやっていたんです。それがいつの間にか、「いらん事言わんほうがいい、何を言われるか分からんけ」なんて、すっかり自分さえ良ければそれで良い。本当に寂しい思いでいっぱいです。そういう状況に地域がなってしまいました。

社会の情

それからもう一つ、「社会の情」というのがあります。官公庁とかに行きますと、よく叱る人がいます。窓口に行きましてね、

「すいません、この書類お願いします」

すると、鬼のようなこわい顔をされて、上目づかいに、

「はぁ？　これはこっちじゃないですよ、あっちです！」

「すいません」

と言って、何かいやな気分でそちらへ行きます。

「すいません、これお願いします」

すると又、こわい顔をされるのです。そして、

「番号札を取って下さい」

もうちょっと笑顔で言ってくだされればいいんですけど、何か機械的なんです。あれはマニュアルというんだそうです。言われたことにはこう答えましょうって、コンピューターみたいなもんです。でも最近コンピューターのほうが丁寧です。インターネットとかをやりますと、コンピューターが、

「いらっしゃいませ」

頭を下げ、挨拶をしてくれる。それも笑顔のアニメの女の人です。

私たちは機械に向かって思わず、

「あっ、どうもどうも」

と言いながら、機械にニコニコしてしまう。かえって人間がコンピューターみたいになってしまって、コンピューターのほうにどんどん親しみが増してくる。だから子供達はど

んどんその中に入ってしまうようになるんです。レストランなんかもそうです。子供を連れて並んでおりますと、顔の表情も変えないで、

「何名様でしょうか！」

「何名様って、さっきから三人並んでいるのが分かっているでしょ、三名ですよ」

すると、ロボットみたいに、

「どうぞ、こちらへ！」

と言われる。で、行きますと献立を出して、

「どうぞ、何になされますか」

「ちょっと待って下さい、今決めますから」

「決まったら呼んで下さい」

プイッ、すっと逃げちゃうんです。

「おい、早く決めないと叱られるからね」

と言いながら、小声で、

「よし、ハンバーグセットとお父さんはコーヒーな」

今度は頼む方が、笑顔で呼ばなきゃいけない。にこにこしながら、あいそ笑いをして、

「すいません、こちらへすいません」

やっと来て、

「何にされますか」

おそるおそる、

「ハンバーグセットとコーヒーとアイスクリームをお願いします」

「はい、ハンバーグセット一つ、コーヒー一つ、アイスクリーム一つ、有難うございました」

又プイッと逃げちゃうんですね。笑顔も情も何にもまったくない。

でも、夜の街には情があるんですね。赤提灯とか縄のれんの中、常連さんというのは、

「ただいま」

と言って来るんです。疲れた顔をして、

「ただいま」

と言うと、笑顔いっぱいのおかみさんが、

「まぁ、すうさんお疲れ様でした。どうぞどうぞ」

と、優しい言葉をかけてくれるのです。

「あー疲れた、今日は商談が一つまとまってな」

と、疲れた顔が少し和んで、そこに
「まぁ、それはよかった。どうぞ」

と、またまた、笑顔でやさしくビールをトクトクトクと注いで、

「カぁーうまいな、この一杯がうまい、ここに来るとホッとするな」

「いやぁ大変でしたね、本当にお疲れ様でした」

なんて言いながら、やがて三十分か一時間ほどしたら、カウンターに両手を突き、

「よし！　帰らんといけん」

と言うんです。えらい勇気がいるんだなと思い、

「あーあ、なら帰るけん。さてと！」

何処に帰るって、あれ家に帰るんです。家に帰るのに、暗い顔をしてそれに勇気がいるんです。お店のおかみさんも顔に慈しみの表情を浮かべ、

「まあ、大変ですね」

と、どうして家に帰るのが大変なんでしょう。そのお客さんが家に帰るとどういう状況が待っているかというと、カギを自分で開け疲れた小さな声で、

「ただいま」

すると奥様は、無表情にきつい口調で、冷たく、

「何してたんだか、もう御飯食べて来たでしょ。私お風呂入りましたから、じゃあおやす

みなさい」

プィーと、お父さんは冷蔵庫を開けて、缶ビールを飲む。「ふぅ」と、思わず溜め息が出てしまう。一番情が必要な場所に今、情が無いんです。笑顔がない。愛語がないのです。そして、お父さんとお母さんのいさかいが生まれてくるのです。本当は皆笑顔の心で居たいのに、お互いに認めてもらえない。満たされない思いでいっぱいなのです。

「一方を証すれば一方は暗し」（一方明　一方暗）

情はどこにあるか。この情を一番考えなきゃいけない筈なんです。昭和三十年代からこの忙しさが始まり、反面情が薄れてきました。

昭和三十年代の皆さんの事を悪く言っているように聞こえるかもしれませんが、実はこの忙しさというのは、もう既に昔からあったんです。それは、縄文時代であろうが、弥生時代であろうが、秋の収穫期頃は木の実を集めないといけませんし、それから春にはお米を作らないといけない。みんな忙しかったはずです。

忙しかったはずですが、そこには何かが伝承されておりました。その伝承とは一体何か、この「和顔愛語」なんです。「お疲れさん、大変だったね」という言葉なんです。

物には必ず見えている面があるんですが、これがたまたま忙しいとします。忙しくなきゃ経済が成り立たないんです。そこでその裏側に情がくっついてなきゃいけない。情が見えている時には、必ずこっちに忙しさがくっついてなきゃいけないんですね。このたった一つのものをどうやって表裏を見せていくか。つまりこれが私たちなんです。つまり私達の家庭なんです。それをどうやって忙しさと情を見せていくか、これが私達の大きな知恵となります。

この知恵は昔から伝承されておりました。これはどういう事か、「お疲れさん、大変だったね、ご苦労さん」という言葉。それから「おはようございます。今日は随分、寒いなぁ、一枚多く着とけよ」という言葉。寝る前に「お腹冷やすなよ」という言葉。この言葉の掛け合いの伝承があったからこそ、今私達はこうやって居ることができるんです。どんなに忙しい社会の中でも、この伝承によって心が癒された。これが情の掛け合いなのです。それが今、無くなっちゃいました。どうすれば、情を復活させて行けるのでしょうか。一法（方）究尽という言葉があるのです。

「一法（方）究尽」（いっぽうぐうじん）一つの方向につきすすむ

私が父親を亡くしましてから、もう二十年になります。二十四歳から住職になって、和尚さんていい仕事だなと思いだしたのは、最近なんです。十年くらい前より、特に最近、ここ五、六年、皆さんがお話を聞いて下さるようになりまして、和尚さんていい仕事だなと思えるようになりました。これまで皆さん方によく言われたことがあるのですが、

「和尚さん、いい仕事ですね。一寸お経を拝んで、いっぱいお布施をもらえて」とか、

「いっぱいお酒を呑んで、御飯を食べて、その後は車で送ってもらえる。和尚さんて仕事はいい仕事ですな」

と、だいぶん言われました。けど、その事は置いといて、こうやって皆さんの笑顔が見

えるというのが一番嬉しいんです。そして、皆さんが私の思いを、私の話を認めてくださる。そんな時、良かったなぁと思う。和尚さんという仕事をずっと貫いて行くと、その中にいろんなものが入ってくるんです。

これを一法（方）究尽（いっぽうぐうじん）と申します。だから一つのことをずっとやり抜くと言うことは、例えば、今日は人生大学という講演なんですが、この前は病院関係の方の講演会、それからＰＴＡや公民館活動、それから建築業界でのお話、明後日は警察の方でお話しなきゃいけない。

結局、内容はこの「和顔愛語」なんですけど、一つのことを、和尚さんという仕事をずっとやって行こうとする時、ある程度の知識を少しずつ入れて、こうやってお話ができるようになってきた。そうしたら勉強をもっとしなきゃいけないんです、いろいろと。だから少年犯罪の本も、子育ての本も、もちろん仏教の本も読まなきゃいけない。いろんな本を読みながら、勉強しながら和尚さんって大変な仕事だなと思いつつ、でもやりがいがある。

皆さんもそうなんですね。皆さんは人間としてずっと今まで生きていらっしゃった。私はほんの三十九年間です。人間というのをやったのは、皆さんはもっと私の倍の方、倍以上の方がいらっしゃる。そのみんな個々にあらゆるものが人生の中に入っておられます。

それが一法（方）究尽と言います。この一法（方）究尽の中にかならず「一方を証すれば一方は暗し」片一方が見えていれば、片一方は暗いという面が見えてまいります。ある面が見えて、ある面が見えないということがある。

例えば、檀家さんのお宅にお盆の棚経で行きますと、お部屋が汚れているんです。お盆の十日前頃に、突然に行くもんですから、

「こんにちは」

「あぁ、和尚さん、まだ花もかえていないし、布団も敷いているし」

と大騒ぎをされる。

「あぁ、いいです、いいです。入りますよ」

と、拝ませてもらうんですが、それが後日、正式な法事の日になると綺麗にしてあるんですね。

「この間、ああだったのに今日は綺麗にしてあるな」と思い、そこでお経を拝んだ後、ちょっと御膳を頂くとお手洗いに行きたくなるんです。で、

「すいません。お手洗いお借りします。こちらでしたっけ」

ガラッと開けますと、先日散らかっていたものが、その部屋の中に山のように入っているんです。すると、恥ずかしそうに、

「和尚さん、そこじゃなかった」

と言われ、私は、

「ご免なさい」

と。でも、そういう二面性はあるんです。だって綺麗な家だけじゃありません。かなら

ずそういう部屋が無きゃいけない。ですからこの忙しいと情というのも、それをどうやってその家でやりくりしていくか。そして、その中に一法（方）究尽という一つの流れがあれば、その中にあらゆるものが吸収されながら、私達はその中で生かされる。

で、私の場合は、和尚さんをやりながら、こうやってお話をするようになったんですが、そこで出てくるのが、「色即是空、空即是色」と言うことです。難しそうな言葉ですが、コツを掴めば、本当に良い言葉なのです。

まあ
いい
か

「一法（方）究尽」（いっぽうぐうじん）一つの方向につきすすむ

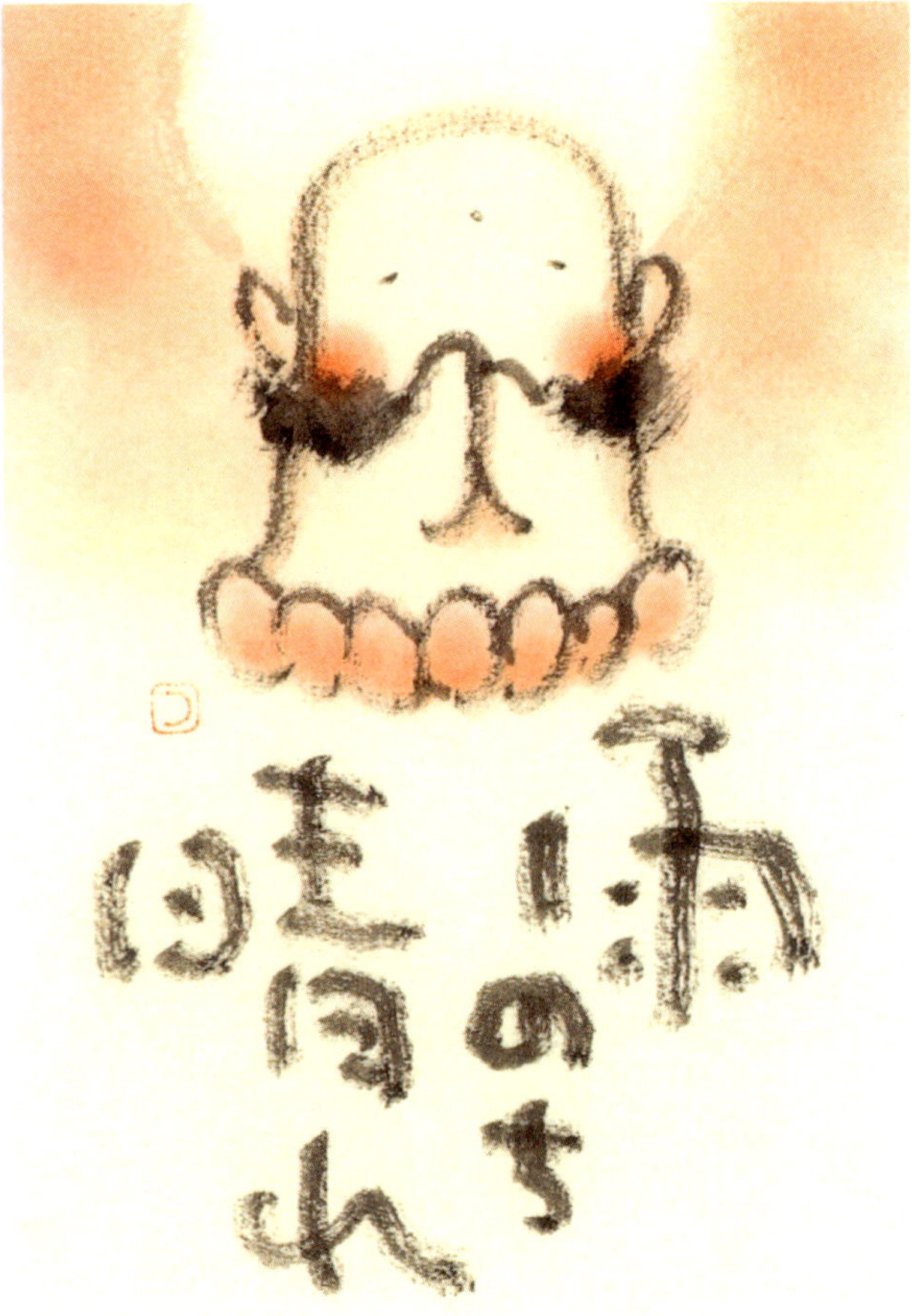

「色即是空」と「空即是色」

この色即是空（しきそくぜくう）、空即是色（くうそくぜしき）という言葉は、『般若心経』というお経の中にあります。そのお経の前半に色即是空、空即是色と出てくるんです。では、色即是空、空即是色とはどういう事かと言いますと、色はそのまま空であるし、空はそのまま色であると書いてあるんですが、訳の分からない事なんです。しかし、一番大切な事なので、今からその説明をいたします。

まず、色を説明いたします。ここに笹の葉を取って参りました。この笹の葉は何色に見えますかという質問をします。何の色に見えますか、緑色ですね。笹の葉は緑なんです。

緑という色が出て参りました。

でもね、もう一枚私が持ってきたとします。新緑の山から笹の葉を持って参りましたと、先程の緑の笹と並べます。何色ですか、と言いますと黄緑になります。

これは新緑の笹なんですよと言ったら、じゃあ黄緑ですねということになる。そうすると、色というのは変化していくんです。これは緑ですねと言って、新緑のと付けると黄緑になっちゃう。でも、同じ緑のはずなんです。

こういうふうに色は自分勝手な判断が理屈で勝手に変化していくんです。だから、勝手な自分の判断を押し付けちゃう、つまり差別の始まりになっちゃうんです。

もう一つ質問いたします。

「この棒（A）は長いですか、短いですか」、「短い」。有難うございます。近所の保育園の子供たちが泉龍寺で月に一回、坐禅会をするんですが、その子供たちにこの棒は長いか短いかを問いますと、子供たちは素直です。すぐに元気良く、

「短い」

と言います。

「本当だな」

また、又、元気良く、

「短い」

「よし」

と、そこで後からより短い棒（B）を出して並べ、

「この棒は長いですか、短いですか」

と、先程の短い棒（A）を持って聞きますと、
今度は短かった棒（A）は長くなっちゃいましたね。同じ事を、棒を短くして行ないます。これは

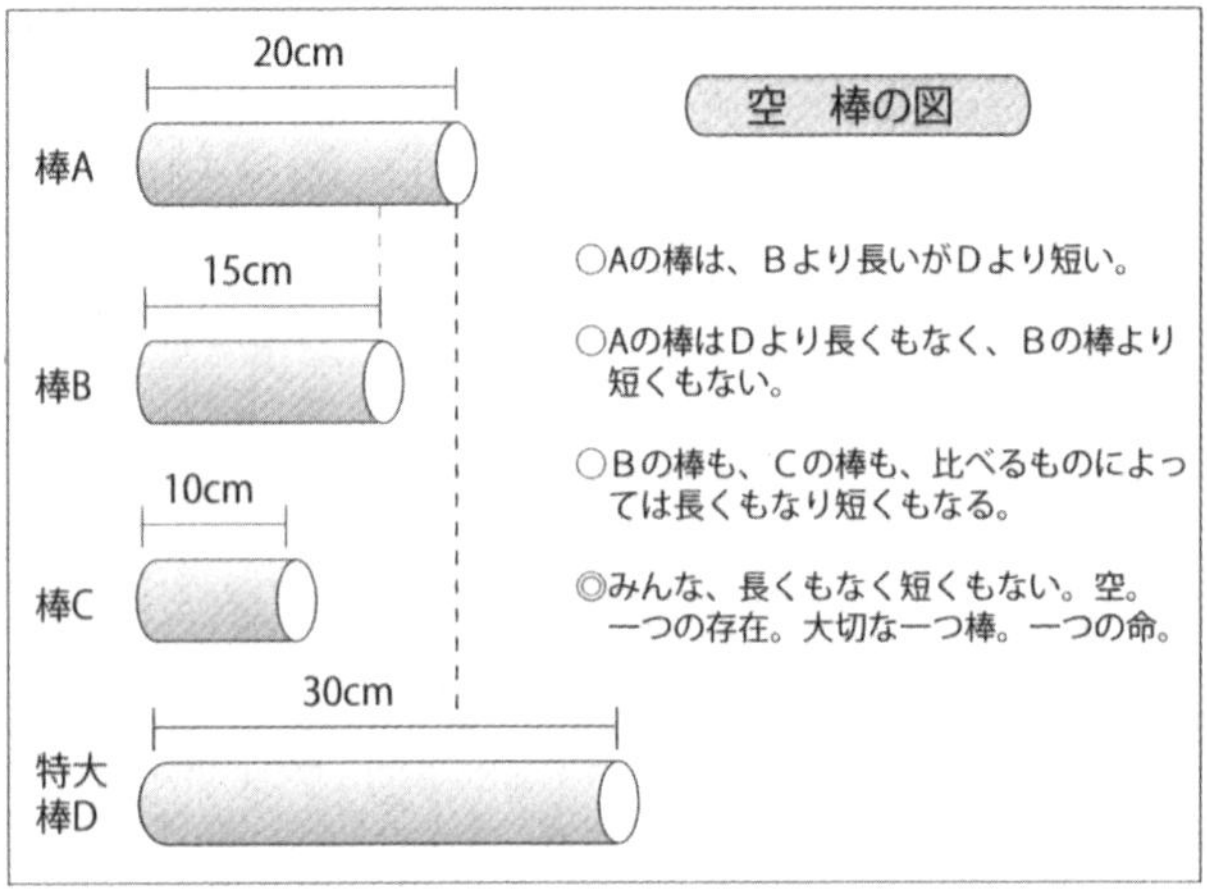
空　棒の図
20cm
棒A
15cm
棒B
10cm
棒C
30cm
特大棒D
○Aの棒は、Bより長いがDより短い。
○Aの棒はDより長くもなく、Bの棒より短くもない。
○Bの棒も、Cの棒も、比べるものによっては長くもなり短くもなる。
◎みんな、長くもなく短くもない。空。一つの存在。大切な一つ棒。一つの命。

短い棒（B）。この棒（B）は長いですか、短いですか。と、今度は後からより短い棒（C）を出して比べてやりますと、またまた短い棒（B）は長くなってしまいました。いじわるな問題なんですが、この棒（A）は長いですか短いですかと問いました時に、この棒（B）と比べれば、棒（A）は確かに長い棒です。でも、今度は机の下から、より特大の棒（D）を出してこの棒（A）と比べ合わせれば、棒（A）は短い。

つまり、この最初に出た棒は長くも短くもない棒で、空ですよと言うんです。これが空なんです。（図を参照してください）

比べ合いをして赤だ、緑だ、黄色だと言って勝手な判断を押し付けている時にはシキだ、色だ、シキだ。この棒は長いか短いかという範疇（はんちゅう）にある時はシキだが、長くも短くもない一個の棒だと思えた時は、空なんです。一個の存在なんです。

一個の空なんです。どの長さの棒でもね。人の事もそうやって言いますでしょう。比較して「あの人は一寸な」と。

私もよく言われます。

「あの和尚さんは、本当に説教が長い」

とか、

「塔婆の字が下手くそだ」

と、檀家さんのお宅にご法事の塔婆を書いて持って行きますと、塔婆をしげしげと見ながら、

「和尚さん、もっといい字を書きないや」

「すいません、勉強しますから」

作り笑顔して、

「どうも、どうも」

とか言って家に帰りますが、帰って明日の塔婆を書く時に、出て来るんですね。その時の思いが……。「人の前で、あんなに言わなくても良いのに」とか、「私だってプライドと

いうものが、あっ、間違えた」。他の事を考えて、字を間違えてしまう。今はお寺に塔婆がありますが、次の塔婆を持って来まして、そしてまた次の塔婆を書いている時に、又、出て来る。「くそっ、あっ間違えた」。多い時には四本か五本くらい、間違えることがあるんです。人間って何回も間違いを繰り返しますと、思考能力が無くなるんですね。

「どうして、こんな人間に生まれたんだろうか」とか、「何で和尚さんみたいな仕事をしなきゃいけないんだろう」とか、考えるんです。皆さんもありますでしょう。他人から悪口が聞こえた時なんか。夜、寝る前に悪口を思い出し、その人の顔を浮かべて、「あの人に、こう言われたら、今度はこう言ってやろう。こう言ったらああいうふうに言われるからああいうふうに……。こう言ったら、ああいうふうに」

次第に心臓がドキドキしてくる。気分も悪くなる。そうしていると、ボーン、ボーン、ボーン。「あっ、三時だっ、寝なくちゃいけない」、あれといっしょです。

一人で勝手に色の世界に入って、勝手に自分を苦しめて、自分で悩みをつくって、自分で悩みの中に、どんどん入っているのです。

いい加減

親が悩んでいる顔は、子供にはよく分かるんですね。何時の間にか娘が心配顔をして耳の側に来ているんです。私が肩を落して目をボォーとさせ、塔婆に顔を向けていますと耳元で、当時三歳になった娘が、

「まぁ、いいいか」

と、言うんです。

「えっ」（私）

「まぁ、いいか」（娘）

「まぁ、いいかかぁ」（私）

「うん」（娘）

「本当だな、これがお父さんだもんな。お父さん、これしか出来ないんだもんな」

「うん」

と言って、それから好きな言葉が、「まぁ、いいか」「いいだがな」「いい加減」。これが大好きな言葉になったんです。「いい加減」という言葉がありますね。さっき言いましたお風呂、あれはいい加減なんです。つまり良い加減です。風呂のいい加減が、一番暖まるんです。それはね、お前はいい加減な奴だなとか、もう一寸頑張れと言う。頑張れというのは頑を張れという意味なんです。そこでがんばれ、頑張れと言うんで自分のいい加減さもわからずに、他人にどんどん押し付けてしまう。まさに今の子育てですね。

ところで、今回の地震で辛かったことの一つに、「ガンバレ」と言われたことがありました。これだけ「ガンバッテ」いるのに、なぜ「ガンバレ」と言うのだろうと。心に余裕があれば、「ガンバレル」

こうしろとかああしろとか命令されるから、子供たちは逃げて行くんです。ですから、いい加減ていい言葉だなと思います。それから、「いい加減」になるようにしました。「まぁ、いいか」と言うのも、こんな若輩の未熟者が、こんな本を出版してと思ったのですが、「まぁ、いいか」と思いましてね。その娘の言葉に安心し、それから又、塔婆が書けるようになった。

だから、人にとやかく言われても、自分は一個の存在なんです。又、他の人も一個の存在なのです。自分も他の人も、それぞれに大切な存在、大切な命なのです。

一個の人間と一個の存在

私は一個の人間なんです。二人の子供の、私は父親なんです、と言う一個の存在。こう思えた時は、空なんです。ですから皆さんの個々にどんな思いがあろうが、どんな悩みがあろうが、一個の存在なんです。長くも短くもない一人一人の存在、一個の皆さんの存在なんです。その存在なんですが、これがまた先程みたいに一寸のことで、悩む事がある。

悩むと自分の命も他の人の命も、どうでも良くなってしまうのです。

幸せと不幸せ

例えば、「幸せ、不幸せ」もそうでしょう。何が幸せで何が不幸せなのか。

「あなたは、幸せですか」

と聞かれる時があります。

私はすぐにこの長い棒と短い棒を出すんです。向こうが「はぁ?」となりますけど、

「これですよ。私もあるものと比べたら、ある人と比べたら不幸せなのかもしれない。でも或る人と比べたら幸せである。自分は幸せと不幸せの両方持っているから、幸せなんでしょうね」

と、話をします。幸せがあるから不幸せがある。両方持っている今が、自分なんです。

例えば、私は父親を二十歳で亡くしました。最初は何でこんな和尚さんの家なんかに生まれたんだろうとか、何でこんな和尚さんの修行をしなきゃいけないんだろうかとずっと思って居て、そうしたら父親が亡くなっちゃった。

それからは、塔婆は書かなくてはいけない。お経を読まなくてはいけない。檀家さんの顔を覚えなくてはいけない。こうやってお説教をしなくてはいけない。何でこんな目に会わなくてはいけないんだろうと、ずっと思っていました。不幸せだなぁと。

最近、やっと親父が死んで良かったなぁと、先代が死んでも良かったなぁと思えるようになったんです。親父が頭の上のあたりで怒っているかも知れませんが、どうしてかと言いますと、亡くなってみなければ分からないことがあるんです。亡くなっていたからこそ、得る物もあるんです。私は最近になって、漸くそのことが分かりました。

父を亡くし、十五年目くらいにほんの少しずつですが、分かりかけてきたのです。

「放てば手にみてり」

私の好きな言葉に、「放てば手にみてり」という言葉があります。

放てば手にみてりとは、どういうことか。手に持てるのは、これだけなのです。この棒を両手に持って水が飲みたいと思っても、両手に持ったままでは、水差し、コップも持てない。飲もうと思っても持てないです。手に棒を持っているから、置けば良いんです。置いたら手はカラになるんです。あらゆる物が、持てるようになる。

例えば、台の上に手をつきますと、地球全体を持っていることになる。地球を持っていてもどうしようもないので、こうやって手の平を上に向けますと宇宙全体が自分の手の中にあるんです。でも、何時もそうやっているわけにはいかないから、朝起きたら水を汲んで顔を洗う。次にはタオルを持って、次には御飯茶碗を持って、次には汁茶碗を持つ。いつも放てばみてり、放てばみてりをやっている事自体が、充てっている事なんです。それがたまたま手を怪我をした。歯が痛い、こういう時には上手く食べれない。なんて人間の体は大切なんだろうかとね、そう思えてくる。その事自体が充てっている事なんです。

私の場合は、ずっと父親が死んだということを握りしめていたんです。何で自分がこんな目にあわなくてはならないんだろうか、何で父親が早く死ななくてはならないんだろうかと、ずっと悩んでいた。でもね、悩んでいても幸せはつかめないんです。

そこで一旦握りしめていた不幸せを置きましたら、目の前に幸せが落ちておりました。それは何であったかと申しますと、妻なんです。妻を見つけました。あぁ、幸せをつかんだ、妻を掴んだぞと思ったら、これが実は大変なことになったりするんですね。

もし、彼女が病気でもしましたら、それが心配で心配でしょうがなくなる。何を掴んでも、かならず何かが起こってくるんです。でもそれを又、置いたり放したりするのです。例えば、そう思っておりましたら、今度は幸せが目の前にあって子供ができた。子供ができて幸せだなぁと思っております。でも、今度、法事があった時、お墓参りをした時は寂しさをつかまえて、

「親父よ、あなたが生きていたら、この子達にどのような名前を付けるんだろうな」と言う。また、それを置いて子供達といっしょに生活をする。これをいつも「放てばみてり、放てばみてり」を、やっていること自体がみてってている事なんです。それがなかなか気が付かない。生きていてほしかったけれど父親が死んだことも良かった事なんだな、でなければ今、私はこの場所でこういう話はしていないはずなんです。亡くなっていたからこそ、今この場所がある、と私は思います。

でも、やっぱり今でも生きていて欲しかった。そして、今の自分を認めて欲しい、褒めて欲しいというのが、本心なのです。

子供は親のそのままを見ている（現・アルツハイマー型認知症）

今度は、私の家の大きなおばあさんがアルツハイマー性老人性痴呆症（現・アルツハイマー型認知症）になってしまいました。今年、満九十三歳になります。

私の祖母です。この認知症の初期症状が出ましたのが、六年くらい前になります。その頃、盆だろうが彼岸だろうが、ずっと全部の戸を閉めて鍵を閉めて廻るんです。昼だろうが夜だろうが、関係なく閉めて廻るんです。私が怒るんです。

「いいから、おばあさん！　私がするから」

と、おこり声で言いましたら、今、小学校の四年生になる男の子が、まだ言葉を覚えたての頃です。

「このリンゴをあげようか」

と祖母が言う。すると、

「いい！　ばあちゃん。いい！　おばあちゃん」

きびしい声で拒絶する。ひどいことを言う子だなぁと思ったら、親の言う事そのままなんです。とにかく、親を真似るんですね。

ある年、お盆の棚経にあるお宅に行きました。

「御免下さい、御免下さい」

誰も出てこられないんです。

「御免下さい、こんにちは」

と、ちょっと大きな声で言いましたら、奥の方から小学生くらいの男の子がダッダッダッと走ってくるんです。笑顔で、

「こんにちは」

と言いましたら、私を指さして、

「坊主だ！」

「えっ？　……こんにちは」

ずっと指をさしたまま、

「坊主だ、お父ちゃん坊主が来たよ」

私が唖然としている中、奥の方へ走って行ってしまった。幾らしてもその子供は帰って来ないので仕方が無いから上がってお仏壇を拝んでおりますと、父親を引っ張って来るんですね。

「なぁ、お父ちゃん、坊主だろ、なぁ、坊主だろ」

父親の顔を見ながら、そう言って子供は私を指さしている。

父親は、小声で、

「黙っていろ」

と、子供は、さらにお父さんの袖を引っ張って、

「だって、坊主が来たよ」

まぁこの家では、大人が「坊主、坊主」と言っているんだなぁと思いつつ、木魚（もくぎょ）をたたいて拝んだんです。

とにかく子供は大人の真似をするんです。ですから、家の子供達が良いおばあさんの介護をまねてくれるように、アルツハイマー型認知症の勉強を始めていたんです。そうしてわかったんですが、怒ったら怒っただけ悪くなるんだそうです。怒っちゃいけないんです。やっぱり笑顔で、「ありがとう」といわなきゃいけないんです。それをこわい顔で、きつい声で、

「いいから！　わかっているから」

と言ってしまいます。そんなにきつく言わず、戸を閉めていてもやさしく笑顔で、

「ありがとう」

と言う。そのために玄関には（戸が閉まっておりましたら、ピンポンを鳴らして下さい）という札を貼りました。そうすれば済む事なんです。

それから、今度は郵便物もたんすの中に入れちゃうんです。何々の集まりがあるという郵便物が来ていても、後になって、

「たしか送りましたけど」

と、言われる。

「いや、知りません」

と大騒ぎになるんです。それからは玄関に（重要物がありましたら、鍵の付いたポストに入れて下さい）と貼る。こんないろんな事をやってこそこういう対応が出来る。笑顔でありがとうと言っていればいいんです。その様子を子供達はじっと見ている。

アルツハイマー型認知症、皆さん不安だと思うんですけど、この認知症というのはどういうことかと言いますと、記憶のたまる器を皆さん持ってらっしゃいます。昨日も今日も。

記憶をためる皿に記憶を持ってますが、その記憶がいつもポタポタ落ちますね、どうしても記憶は忘れるんです。昨日の記憶、一昨日の記憶、一年前の記憶、十年前の記憶。で、家のおばあさんの場合、その頃に年を聞きましたら四十歳と言ってました。

九十歳を四十歳とは、五十もごまかしていると思いましたが、実は四、五十年前頃から記憶がおかしくなっているんです。その前のものはまあ正常なんです。ですから昔のことをよく覚えているというのはそこなんですね。器が近くの方から次々と壊れてゆくのです。

そこで、私が失敗したのは全自動洗濯機なんです。全自動洗濯機を購入して、

「おばあさん、いいものがあるから、これからはこれを使ってよ」

と言って、もちろん笑顔でね、

「これが電源ボタンだろ、スタートボタンね。これに洗剤はスプーン一杯、これでいいんだよ」

「ふぅ〜ん」

と言っています。次の日、

「どうだったかな？」

と、祖母。笑顔でやさしく、笑顔で、笑顔ですからね。

「ここが電源ボタン、スタートボタン、スプーン一杯」

と言う。一週間目のこと、

「どうだったかな？」

と言うんです。ちょっと笑顔がひきつって、ちょっと大きな声で
「言ったろ電源ボタン、スタートボタン、スプーン一杯……」

「分かった！」

二週間後、

「どうだったかな？」

笑顔がほとんどなくなり、もっと大きな声で

涙のかずだけ
花が咲く

子供は親のそのままを見ている（現・アルツハイマー型認知症）

「これが電源ボタン、いい見てよ電源ボタンだよ。これがなぁ！　スタートボタンなぁ、スプーン一杯！」

そして一ヶ月、おこり声で、こわい顔をして
「電源ボタン！　もぉ～……」

と、やっちゃいます。そうすれば、勝手に自分でしだすんです。

「何だ、出来るじゃない」

と言っていたら、おばあさんの記憶の頃の洗剤というのは、昔はザブとかトップと言って、大きな大人がひとかかえするくらいだったたですね。これを小さいカップにだいたい三杯から五杯入れてましたでしょ、その記憶があるもんですから今の固形の小さい洗剤でも小さなお茶わんに三杯か五杯入れちゃうんです。三日か五日で無くなっている。そして、洗濯機がめちゃくちゃになる。怒るんです。大きな声でこわい顔をして、

「スプーン一杯でいいって言ったろ！」

と、情のないきつい言い方をしていましたら、自分での洗濯は半年で出来なくなりました。あーあ、失敗したと思っています。今度はこんな失敗しちゃいけないと思いつつ、炊飯器がまた新しいんですね。こう丸くなっておりまして。今の炊飯器は、ふたを開けるのに何処を押していいのか分かりませんね。

「おばあさん、御飯入れてみようか」

「はい、はい」

と、自分でされるのですが、ピッピッピッと、どこかのボタンを適当に押す。すると、保温がもう一回炊き上げになって、ゴォーと音が出る。

「あぁ、おばあさん違う！」

という言葉を飲み込んで、前の洗濯機のことがあるんで、やさしく笑顔で、

「おばあさん違うよ。いい、なら御飯入れてみようね。ここだよ」

と言ってなんとか御飯を入れてもらう。汁も出来た後、保温プレートにおいてあたたか

くしてあるんですね。おばあさんはほかのところを探しますけど、

「そうじゃない、そうじゃない。そこそこ」

なんとか汁も入れてもらう。汁を入れてもらい、それから今度は子供を呼んでこなきゃいけない。

「おーい、御飯だぞ」

と言っても来ない。あのアニメの名探偵コナンとか金田一少年とかというテレビの番組がありまして、なかなか来ないいんです。

「何してんだ、お前ら」

と言って、何とか引っ張ってきます。で、テレビを消してビデオに録画して怒ってそしてその食卓に連れていきます。さぁ、食べようかと思ったらおばあさんが又、鍵を閉めに行っていないんです。そこでね、

「まぁ、おばあさんがいなくてもいいか、食べてしまおう。はい、合掌、いただきます」

と、言っていた。大変な事を言ったんです。分かりますか。「家族の中でおばあちゃんはいらない人」と言い聞かしていたんです、子供たちに。自分達は好きなテレビも消して無理矢理に連れて来られるんです。でもおばあさんは鍵を閉めに行ったからまぁいい、先に食べてしまおう。これは大変なことを言ったな思いましてね、そこで子供達に

「大きいおばあちゃんを呼んで来てくれるか」

と言うと、二人で競争で

「ばあちゃん、御飯だよ」

と、呼びに行ってくれるんです。それから何とか席にすわってもらい、そしてみんな一緒に合掌して「いただきます」をする。

私はいろんな幸せの価値観があると思いますが、今この食卓でみんなで手を合わして「いただきます」っていうのがどれだけ幸せか。あぁ、良かったなと思うんです。

今、この食卓が無いんだそうですね、忙しくて。みんな仕事があったり、夜の会合があ

ったり、私は去年一年間、どれだけ子供と一緒に手をあわせて晩御飯を「いただきます」が出来るだろうかと、ずっとカレンダーに付けておりました。そうしたら、ほとんどありませんでした。

もうなんでこんなんだろう、こんなに忙しいんだろうと思います。自分でも忙しくしないでと思いながらもそうなっているのが現実なんですね。でもこの食卓で家族みんなが手を合わせ、「いただきます」といえる幸せ、この大切な事を教えてくれたのが、実はアルツハイマーの大きいおばあちゃんだったんです。

いのちをいただきます

保育所にも行く時も歩いて行くんですが、あらゆる発見があるんです。前には車に乗って行き、「はい、降りて」とやっていたんですが、こりゃだめだなと思いましてね、それからはとにかく出来るだけ歩くようにしました。そうしたらね、いろいろな発見があるんです。蛙とか、トカゲが車でひかれているんですね。ある日、保育所に行きましたら、先生が、

「まぁ、お宅のお子さんはユニークなお子さんですね」

「何でですか」

と言ったら、

「かえるの折り紙をしました。見てください」

見たらこんな両手、両足をひらいたつぶれたかえる。思わず拍手をしました。

子供達が、

「お父さん、かえるが死んでる」

と言うんですね。

「本当か。そういう時には南無釈迦牟尼佛と言いなさい」

と言いましたらね、合掌してぺちゃんこのかえるやトカゲに、

「なむしゃかむにぶつ、なむしゃかむにぶつ、なむしゃかむにぶつ」

と、やるんです。

御飯を食べる時いただきますとやるでしょう。あのいただきますって誰にやっていると思います。命に言っているんです。魚が死んでくれたから今、私達の口に入る事が出来る。動物が死んでくれたから、その肉を食べる事ができる。お米の種を取る事が出来たからこ

そ御飯を食べることが出来る。白菜でもキャベツでも。つまり命をいただきますなんです。

この「いただきます」の話を以前子供にした事があります。すると娘が、

「お父さん、それならいただきますも、南無釈迦牟尼佛も同じ言葉だね」

と言うんですね。

「おっ、よく分かってくれたな」

本当に嬉しい一言でした。

山も、木も、草も、みんな生きている

長男と保育所に歩いて行く途中、歩いておりますと、初冬の雨上がりの山からもやが上がっております。子供は山を指さして、

「お父さん、何で山から煙が出てんの」

と言うんですね。

「あっ、本当だな。それならな、秀ちゃんな、はぁーとやってごらん」

息を「はぁー」とやりますと、白い息が出てくるんですね。

「秀ちゃんは息をしているから白いのが見えるよな、山も息をしているんだよ。木も一本一本、草も一本一本は生きていて息をしている。たまたまこの雨上がりの時にああやって

白い煙になって見えるんだよ」

と言ったら、

「ふぅ〜ん」

わかったような、そうでないような返事。分かってくれたかなと思って歩いておりましたが、それから二ヶ月くらいして保育所から帰りにこうやって手をつないで歩いていましたら、急に、

「お父さん、山は生きているんだよね」

「おぉ……」

「川も生きているんだよね」

「おぉ……」

「木も生きているんだよね」

えらい事を言い出したなと思いました。そうしたらね『手のひらを太陽に』という歌を

保育所で習ったそうです。

ですから『ぼくらはみんな生きている。生きているから』という保育所で習った事と、お父さんが前に言っていた事を一つにしてすべてのものが生きているというふうに考えてくれたんです。あぁ、よかったなと思いましてね。どうも子供達は、二ヶ所から学んで、これは真実と確信するようです。でも、親と先生、テレビと親、色々な事が現在、食い違っている中で子供達は育っています。

学校では「人の話は良く聞きましょう」とか、「授業中は眠らないよう」と習っているのですが、テレビの中の国会ではやじをとばし、水をかけ、いねむりをしている。日本の最高の立法の場所でね。大人達がなんとかしなければと思います。

おはようございます

保育所に歩いて行く途中、高校生がこうやって歩いて来るんです。背をまげ、ポケットに手を入れ、肩をいからせて。私は懐しかった。ちょうど私がそうだった。ああやって、自分を見とめてもらいたいんだよなぁー、とすれちがいます。その後方に女の子がいましてそれが檀家さんの娘さんだったんです。

「おはようございます」

と言いましたら、突然、さっきの背をまげて歩くお兄ちゃんが、後ろの方から、

「ウスッ」

と、返事をしてくれた。私はね、そのこうやって背をまげて来るお兄ちゃんに短い棒を

当てていたんです。あんな学生には挨拶しなくていい、あんな格好をしやがって、ちょっと懐かしいけど。でも後のお姉ちゃんは一個の個人だから挨拶をしなきゃいけない。おかしいなと思いまして、そこでこれからは高校生みんなに挨拶をしてみようかと思い、挨拶を始めたんです。子供達には挨拶しろなんて言わなかったです。

親の背を見て育つという言葉があります。自分の背を見せてみようという実験を始めました。それから「おはようございます、おはようございます」と、とにかくすれちがう高校生みんなにやっておりましたら、私の子供達のほうがだんだん率先して前に出て来るようになりまして、「おはようございます」と挨拶をするんです。

それを繰り返しながら、保育所に行きます。はぁ良かったな、こっちが一個の存在だと思えば相手も一個の存在だと思って、「おはようございます」を返してくれる。これが相手を認める、一人の人間と理解する事の始まりなんだなとわかったんです。

それが二歳だろうが、五歳だろうが、つっぱったお兄ちゃんであろうが、お互いを認めあえば互いに認めあえてくる。まずは自分がそれを行動に移すことが始まりなのでしょう。

それが一個の個人、長くも短くもない一人の人間という事だなと。

いつまでも生きとれません。はよ、死なんと

高校生の集団の後ろの方から、おばあちゃんが手押し車を押して来られました。

「おばあさん、おはようございます」

と言ったら、ビックリした様子で、

「まぁ、泉龍寺の坊ちゃんかな。大きくなられましたね」

と、

「ありがとうございます。おばあさんどうですか」

「はい、いつまで生きてもいけん、早く死ななきゃ。泉龍寺のおばあさんみたいになってもいけません……」

そこまで言わなくても思いますけれど、

「あのね、おばあさん、おばあさんに生きてもらわないと、この子達に老いていく事や病気になるという事や死ぬ事が伝わらないでしょ」

と話をしたんです。

毎日、子供達や私達は、生活の中でこうやってふれあいながら老いていく事を教わっている。そして病気という事を教わって、そして最後は死を教わるようになります。そこなんです。葬儀がありますね、お葬式に私達が呼ばれて、私達がお経を読めば仏さんになると思われている。確かにそうです。

しかし、その葬儀には、もうひとつ大切な教えがあるのです。命を次の世代に伝えるという事が……。

葬儀とは、死（命）を伝える式

皆さん、お棺の中にお花を入れられますでしょ。最後のお別れですからお花を入れて下さいと言います。あれは何故かといいますと、死の教えなんです。私は出来るだけ小さい子を連れて来て下さいと言います。体調などで、無理がなければ。お通夜の時でもそれからお別れの時でも、多少騒いでもいいから。

何故かと言いますと、死を教えるためです。いくらお花を入れても保育所くらいの子などは死が分からない。

「じいちゃんバイバイ」、「ばあちゃんバイバイ」と、小さな手のひらを振るんですが、お花を入れなさいねって言われてお花を入れたあと、ふりかえると自分の父や母が涙しているんです。それを見て子供達はお父さんやお母さんが泣くっていう事は大変な事なんです。親が泣く、大人が泣くということは、子供には一番大変な事なんです、大人が涙している。あのいつも怖いおじさんまでもが黒い服を着て、真剣な顔をして目をまっ赤にして別れをしている。人が死ぬというのは大変なことなんだなぁと教わるのが、あの葬儀の場所、儀式なんです。

でも、この場所に今、子供たちがおりません。「お前は学校があるから来なくていい」とか、「お前、塾があるだろう」、「お前、スポーツの大会があるだろう」、でもある面ではその大会のことを頑張れっておじいちゃんは言っていたから、大会で頑張って来いよという考え方も出来るかもしれませんが、その時にはそれでもその子の心にはおじいちゃんという存在はあります。

でもですね、「まぁいい、来なくていい、来なくていい、後はわしがしとくから」なんてやってしまいますと、「死」というのはそういう事だなという事になります。そして葬儀のあと、家族が人の死について話し合えたならどんなに良いでしょう。

この度の老人介護の公的介護保険も、とにかく介護をみんなでしていこうという気持ちが大切なのです。そのことの中の一番の大切なのは、おじいさん、おばあさん達の生きる姿であり、そして私達もいつかは何年かして、その姿そのままを伝えるということになるんです。それを子供達は自然に見ている。伝承しているのです。

おばあさんに、こんな事を伝え、

「出来るだけ歩いてください」

と言うと
「はいはい」

と。分かってもらえたかなと思ったんですが、でも今、実は家に認知症のおばあちゃんが居ながらにして老い、病気を伝えてくれているんです。生きながら、私たちに、子供達に、命の大切さを伝えてくれていたのです。

おばあちゃんは宝物

大きいおばあちゃんは宝物、そう思えば宝物なんです。宝物と思えた時は空なんです。でも当時、一つ悩みがありました。今は寝たきりになってしまったのですが、当時は食事の片付けものもしてもらっておりました。

「おばあさん片付けしてね」

と言ったら、

「はいはい」

と言ってやってくれるんですが、私は子供に御飯を食べさせ、やっとおちついて好物のイカの刺身を食べようとする。いかの刺身で一杯飲めるかなぁと思っておりますと、おば

あさんが自分の片付けが終ります。すると、そのイカの刺身に目を付けまして、

「これは片付けてもいいかい」

と言うんですよ。笑顔で、

「ありがとう。これはね、私が今やっと子供を御飯を食べさせて、今から食べる所だから、ありがとう」

と、それから三分も経たないうちに又、

「これは片付けてもいい」

と、そして又、

「ありがとう。これはいいから」
七、八回続くんです。七、八回目には、おこり声で、
「言ったろ、やっとな今、ゆっくり食べようと！　もういいから寝てくれ！」

と。言ってしまって後から、イカの刺身を食べても何もうまいことはない。

「また言ってしまった。お説教じゃ宝物だ、一人の人間だと言いながら、なんで自分だけがゆっくりごはんも食べられないのだろう。こんな目に遇うのだろう」と、なっちゃう。そう考えた時にはもうすでに差別の世界に入っているんです。これが色の世界なんです。それをどうやって一つのおばあさんという存在を色と考えるのか空と考えるのか。宝物とするのかやっかいな物とするのか。

それは頭の中の知恵なんです。また、またなんか色の世界に入っているなぁと思って、私はいつも空を見上げたり山を見上げたりするようにしております。「いけんなぁ、小さいなぁ」と。でもそれが日々の毎日の生活なんですね。こんな時に一番大切なのはこの『和顔愛語』ということなんだなぁと思うのです。

満たされないという悩みの世界に入ったとき、助けてくれるものの一つだと思います。

「愛語」とは

「愛語というは衆生（しゅじょう）見るにまず慈愛の心を起こし顧愛（こあい）の言語（ごんご）を施すなり、慈念衆生猶如赤子（じねんしゅじょうゆうにょしゃくし）の懐いを貯えて言語するは愛語なり、徳あるは讃むべし、徳なきは憐むべし、怨敵を降伏し君主を和睦ならしむること愛語を根本とするなり、面いて愛語を聞くは面を喜ばしめ、心を楽しくす、面かわずして愛語を聞くは肝に銘じ魂に銘ず、愛語能く廻天の力あることを学すべきなり」『修証義第二十二節』

これは『修証義』というお経の中に出てくる一説であります。「愛語というは、衆生を見るにまず慈愛の心を起こし顧愛の言語を施すなり」。どういう事かといいますと、衆生つまり私達、みなさんのことです。皆さんが他の人に、まず慈愛の、慈悲の慈しみの気持ちを持って、相手に愛しむ言葉を施しなさいと書いてあります。

衆生というのは、たとえばサボテンがあります。サボテンでこの間実験された方があったんですが、サボテンが二つありまして、一つのサボテンに向かって毎朝声をかけるんです。

「おはよう。今日は寒いな、そろそろコタツを出さないとな」

とかと言うんですね。で、こっちのサボテンは無視するんです。それを一年間繰り返したというんです。そしたらこっちのサボテンのほうが良い花をつけたんだそうです。植物にも心があるんだそうですね。

ゆっくりでいいんだよ

自分らしく

例えばメロン栽培にモーツァルト聞かせるといいとかね、おそらく植物にも心があるんだろうというんです。そこで、なんでその植物が和顔愛語で花をつけるのに、なんで人間にその言葉が言えないの、ということなんですね。

「施す」とは

衆生を見るにまず愛語を施しなさいと言うんですが、施すという字が書いてある。これは御布施の施という字ですね。よく私に聞かれます。

「和尚さん、御布施はいくらすれば良いでしょうか」

と、言われるんですね。そこで笑顔で、

「多ければ多いほどいいです」

と答えます。何でかといいますと、御布施というのはね、よく決めて下さいという方もいらっしゃるんですが、私は決めないようにしています。どうしてかと言いますと、御布施というのは自分の生活がこのコップ一杯のお水で生活できる。これ以上にあふれた水は、私はいらないから、なんにも恨みはしないからあなたにあげますよ、というのが御布施なんです。

施しなんです。だからそのコップの中のこれだけを下さいというものではなくて、はみ出したもの、いらないもの、今の自分に余分なもの、後から恨まないものそれが御布施なんです。ですからそれが施しということになってくる。

例えば、私が講演料は百万円下さいと言ったとしますね、そうすると「まぁ、高いな」という事になっちゃう。でもこれが、たまたま誰かが一億円の宝くじが当たったとします。そうすると、「まぁ百万円位ならいいわ」と言って出す人もいるのかもしれない。

ここに言う「施しなさい」というのは、いつも心の中に思いを蓄えて心の余裕を持っていなくてはいけない。「何とか施しが出来る心にしなきゃいけない」という、心をいつも持っているのが施す心です。

赤ちゃんにほほえむ顔と心と言葉

心に余裕を持って愛語の心を施しをする。「慈念衆生猶如赤子の思いを蓄えて言語するが愛語なり」と書いてあるんですが、慈念衆生猶如赤子と難しい言葉ですが、一番下に赤子と書いてありますね。赤子、これは赤ちゃんのことです。だから赤ちゃんに対する言葉を何故、人にかけられないかという事になります。赤ちゃん、幼児への愛情を持った心が愛語と示しています。

『佛説父母恩重経』というお経の中に、子の親、父母への恩が出てまいります。

お腹の中の恩

「一つには懐胎守護の恩（かいたいしゅごのおん）」というのは、お腹のなかで世話になったという恩になります。その間大きなお腹をしたお母さんは、ずっとこうやって歩いて、そしてお父さんは、

「おい、高い所に登るなよ」

とか、

「重たい物を持つなよ」

と、心配する。いまは胎教をした方が良いと言います。胎教って分かりますか、お腹の中に声をかけるんです。

「おーい」

とか、私もやりました、長男に。
「おーい、おーい」
と言いますと、生まれてきてからね二歳、三歳頃、急に
「おーい、おーい」
と言うんですね。私が
「何で、おーいと言うんだろう」
と言うと
「あなた言ってたじゃない」
妻が言うんです。それから別の時、お腹に向かい、
「ドレミファソラシド」
と言ったら
「やめて」

と言うんですね。

「何で」

と言ったら
「音程が悪くなる」

と言うんですね。それではと思い、

「ＡＢＣＤＥ」

と言ったら
「発音が悪くなるから……」

と言う。なんと言えば良いのかと思いついたのが、

「観自在菩薩行深般若波羅」

でした。そう言っていたら、やっぱり覚えが早かったのです。上の男の子は
「観自在菩薩行深」

と言うようになりました。それに子供達はお腹の中を覚えているんですね。二歳ぐらいの時ですかね、

「お腹の中はどうだった」

と聞くと、

「グルングルン、ジャパンジャパン」

と言ってました。娘にも聞いてみようと思いまして
「どうだった」

と言ったら、でんぐり返しの格好をして
「こうしてた、こうしてた」

と言うんですね。覚えているみたいですね。つまり、あの頃からお腹の中の頃から愛語を傾けなければいけない。皆さんもぜひご家庭なり、どこかにそういうお腹の中に赤ちゃんがおられましたらですね、是非やってみて下さい。

奥さんのお腹をさすって、「私にやさしくしてね、私がおばあちゃんよ」とやると、「あっ、おばあちゃん大切にしなきゃいけないな」となると思うんです。つまりお腹の中から、大人の愛をうけてこそ、今にいたるという事が懐胎守護の恩ですね。

生まれる時の苦しみの恩

二つには、「臨生受苦の恩（りんしょうじゅくのおん）」というんですが、生まれる時に臨んで苦しみを受けるというんです。

これはどういうことかと言いますと、出産の時は痛いんだそうですね。私は経験はないのですが、どんな痛みか説明されていた方がありました。

鉄道の線路の上に指を一本置く、その指の上を電車が通過すると、死ぬるほど痛い。その痛みの十倍から百倍の痛みがあるといわれるんです。男は死んでしまうくらいの痛みだそうです。女性にはなにかホルモンが出て、その痛みを和らげる事が出来るんだそうです。そこでその痛みを抑えながらでも、私達は生まれてきたという事なんです。これが「臨生受苦の恩」で、その横でお父さんは心配している。

生まれた子に向かい憂いを忘れる

三つには「生子忘憂の恩（しょうしぼうゆうのおん）」、生まれた子に対して憂いを忘れる。赤ちゃんがオギャーと生まれ、あの鉄道の上でひかれたような痛みをも忘れてしまいます。怒っている親は見たことが無いですね。

「本当に大変な痛みをあたえやがって」なんて怒っている父母はいない。「よく生まれたなぁ」と抱きかかえる事が出来る。痛みがあってもすぐに抱きしめる事が出来る。そして、約十ヶ月の色々な心配もみな忘れ、子供を抱きしめる。これがその「生子忘憂の恩」です。

お乳をもらった恩

四つには、「乳哺養育の恩（にゅうほよういくのおん）」。これはおっぱいをもらったという恩がある。つまり生きていく糧、食物を頂いたという恩があるというんですね。今のお母さん方は仕事があるんで、母乳が出なくなる事が多いそうですね。そうすると、今の粉ミルクを買わなきゃいけない。あのステップとかＦＰとかね。我が家は今、牛乳をだいたい一日紙パック一本飲みますね。だから近所の店の特売日には、いつも三本くらい買いに行くんです。けっこうな量がいる。これがその「乳哺養育の恩」です。

子供を良い環境におかれた恩

五つには、「廻乾就濕の恩（かいかんじゅしつのおん）」。湿った所には自分が寝て、乾いた所には子供を寝かせる。

例えば、子供がおねしょをします。おねしょをして、「おねしょしたよ」なんて言うのは良いのですが、夜、乾燥させるわけにはいかないから、その上にタオルケットを敷いて、その上に親が寝る。子供は乾いた所に寝かせる。これが廻乾就濕、環境の良い所に子供を置いて湿った所には、環境の悪い所には自分が寝る。子供の部屋にはエアコンがあるけど、自分達の部屋には無いというのがあったりするんです。これが「廻乾就濕の恩」です。

おしめを洗ってもらった恩

六つには、「洗濯不浄の恩（せんかんふじょうのおん）」。おしめ（おむつ）を洗ってもらったという恩がある。

私の住む黒坂は、雪がたくさん積もるんです。ひと昔前まで雪が積もり、おむつを洗濯するには雪あけをしてからバケツにおむつを入れ、小川まで持って行って冷たい水の中で洗う。その後、持って帰って物干しに干すと洗濯板みたいに凍ります。

こおってしまった洗濯物をまた取り込んでコタツの中に干したり、それから火鉢の横に干したりした。そして子供の汚したものも子供のうんちを汚いと思わない。これが「洗濯不浄の恩」。

又、冬、そのこたつで干した下着をきせてもらうと、ホカホカして温かく、うれしかったですね。今はね、紙おむつなんですね。よくお母さん方におばあさん方が言っておられます。

「そんなものがあっていいな、昔は無かったのに……」

どこまで慈しみの言葉か、どこまでイヤミなのかよくわからない。その紙おむつですが、結構高いんです。

「ある店が特売だから男の子用のビックと、女の子用のＳＳを買ってきて、それからＦＰ（粉ミルク）もね」

と妻に言われ、

「あぁ、分かった、分かった」

と、あるお宅のお勤めを済ませてそのまま買い物に行き、面倒臭いもんですから買い物カートにつぎつぎと入れました。和尚さんの格好だし恥ずかしいし、早くいっぱい入れましてレジに持って行きましたら、不思議な顔をして、

「いらっしゃいませ」

「あっ、すいません」

とか言って、計算してもらいましたら二万いくらだったんです。財布に入っているお金だけでは足りなくて、さっき頂いた御布施をちょっとお借りして……。そういう思い出がありますが、けっこう高い物なんですね。それでもおむつはかえなきゃいけない、それが「洗濯不浄の恩」です。

自分がおいしいと思うものは子供へ与えるという恩

七つには、「嚥苦吐甘の恩（えんくとかんのおん）」。苦い物は自分が食べて、甘い物、おいしい物は子供に食べさせる。柿がそうですね、

「これは甘いから、お前が食べなさい」

と言うんですね。

「そっちが苦かったら、それはわたしが食べるから」

とね。私は朝御飯を作るのを手伝ったりするんですけど、目玉焼を五つ作りますが、一つ失敗しちゃうんですよ。それを私が食べようと思って私の所に置くと、私の母が知らないうちにさっとかえているんです。失敗した目玉焼を自分の席の前に置いて、

「失敗したのは、私が食べる」

と、いまだにまだ私も子供なんです。それがその「噍苦吐甘の恩」です。

子供の為なら悪い事もするという恩

八つには、「爲造悪業の恩（いぞうあくごうのおん）」。子供を育てる為には悪い事を一つや二つはしている。例えば物の無かった時代には、隣の畑の作物を盗んでまで子供に食べさせたという話がありますが、それがその「爲造悪業の恩」です。

遠くに行ったら心配してくれた恩

九つには、「遠行憶念の恩（おんぎょうおくねんのおん）」。遠くに行ったら心配するという恩がある。

例えば夕方五時に黒坂はサイレンが鳴っていました。でもサイレンが鳴っても、すぐに家に帰らないですね、何してるんだろと思う。それから修学旅行とかに行きますとみんな駅に迎えに行きますね。どうしているんだろうかと思う。今度これが遠くの方に就職したり学校に行きますと、何をしているんだろうかと心配になる。私も東京の学校に行きましたが、その時にお寺に入りまして、そのお寺から学校に通っていました。

或るあいた時間に父親に手紙を書かなくてはいけないと思い、そこでまず、「春」って書きました。それから次の文章が出てこない。生まれて初めて父に手紙を書くんです。困ったなぁと思っているとすぐに時間が過ぎました。まぁ、いいかと最後に「健在なり」と書きまして、すぐに封をして送ったんです。

後日、黒坂の父親のもとに届いたそうなんですけど、母親と父親二人で境内でサツキの手入れをしていたそうです。そこに郵便屋さんがもって来られて、

「みっちゃんからですよ」

と、

「あぁ、本当、ありがとう」

と、父は嬉しそうにいそいそと庫裡の中に入って行ったそうです。そして、数分後、庫裡から出て来て母親に向かい、

「春、健在なりだと」

と言い、手紙を母に渡したそうです。

実は、この「春、健在なり」の手紙が、父親にむけての最初で最後の手紙になりました。

その年の次の年（昭和五十五年十二月十九日）、父親は帰らぬ人となってしまいました。今思えば、もっともっと私の思いを書いてあげればよかったなぁと思えてなりません。

先日、母親に、

「こういう話をする時に、あの手紙の話をしているよ」

と言いましたら、

「まだ、しまってあるよ」

というんですね。二十年前の手紙が……。

「返そうか」

と母、

「いい、まぁもうちょっと持っておいて」

と話をしたんですが、いまだに二十年前の一通の手紙を大切に持っている。それが母親の気持ちなんでしょうね。子供に対しての。

いつも守っている親の恩

それから十には、「究竟憐愍の恩（くきょうれんみんのおん）」。これは生きている時には子供の身にかわろうとする。死んでから後には仏壇から守ろうとする、と言うことです。生きている時には子供の身にはかわろうとするというのは、火事になって、赤ちゃんを抱えてお母さんが亡くなっていた、という話があります。煙にまかれて火がボウボウとなった時に赤ちゃんだけでもと子供をかばうのです。

親は子供の身にかわろうとする。お腹が痛かったりすると手をあてましてね、「お腹の痛いの治れ、出来たらわたしのところに痛みが来い」、とずっと手を当てる。それがその子供へかける親の思いです。

死んでから後には仏壇から守ろうとする。よく仏さんがばちを当てるという言い方がありますね。あれは嘘です。先祖がばちを当てるはずは無いんです。どうしてかというと私達が死んでですよ、自分の子や孫や曾孫にばちを当てて、腰を痛くしたり結婚出来なくしたりするはずはないんです。先祖は守ろうとするのが本当だと思うんです。

そのまま
そのまま

うちの子もまだ小さかった頃、工事現場のユンボ、パワーショベルってありますね、あれが好きで、どこかの工事現場を見ると、

「おーおーおー」

と言っていたんです。ある店に行きましたら、そのおもちゃがあるんです。それが欲しいというもんですから、

「よしよし、買ってやる」

買いましたら喜んでくれました。一心になって、そのおもちゃで遊んでいます。良い物を買ったなと思いました。その間、わたしは塔婆が書けると思い、別の部屋で塔婆を書いていたのです。一時間してもまだ静かに良い子で遊んでいるようです。おかしいなと思い、そっとその部屋をのぞいて見てみますと、仏壇の線香立て中の灰で山を作っております。そして畳の上で、「ウォー、ウォー」とおもちゃのパワーショベルが灰をくみ出している。でも、私の亡くなった父親がそれを見て、ばちを当ててやろうなんて思う筈がない。

「気をつけてやれよ、火はないか」ぐらいなものなんです。それをばちを当てるという方がある。それは嘘なんです。先祖は、父母は家族を守ろうとしている。そのために皆さんはその力を得るために、どうぞお経を聞いてください、どうぞ線香を立てますからということをやっている。これが「究竟憐愍の恩」です。

これだけの思いを子供に向ける事が出来るのに何故、他の人や、それからお嫁さんに向けられないのでしょうか。しかし今、子供にもこれが向けられなくなってしまっているんです。それは愛語を受けていない世代の子供たちが、すでに大人になり、そして親になってしまっているからと思われます。今一度、この事を考えましょう。

「慈念衆生猶如赤子」の思いを蓄えて言語する。これが愛語です。

ほめないと、徳は生まれない

「徳あるは讃むべし、徳なきは憐れむべし」と言います。徳があれば褒めなさいというんですが、徳ができるように褒めなさいというんです。褒めなきゃいけないんです。

オリンピックで高橋尚子選手が小出監督に褒められて、金メダルが取れました。すばらしい選手を育てられました。子供にも「大変だったな、御苦労さん。よく出来たなぁ」と言う。そういうふうに人を褒めるようにしてみて下さい。叱りつけている姿を良く見ますが、私たちが子供の頃そうだったように、叱られても反発ばかりしていたような気がするのです。

「徳あるは讃むべし」、徳ができるように褒めなさい。

「いやぁたいしたもんだ、すごいもんだ」

と、「徳なきは憐れむべし」です。徳がなければ徳が出来るように仕向けなさい、と言うんです。例えば、

「この味噌汁は、まずいなぁ」

なんて、すぐに言ってしまうのではなくて、

「あっ、おいしいね。もう少し春菊とかネギを入れたら、もっとおいしくなるかもしれない」

とか、言い方もいろいろある筈なんですね。でも、皮肉になってはいけませんけどね。

「もう！」なんてやっちゃうとかどがたつ。それが「徳なきは憐れむべし」です。

国と国、人と人、最初は愛語から

「怨敵を降伏し君主を和睦ならしむること、愛語を根本とするなり」。敵同士が、例えばアメリカの大統領とソ連の大統領が仲良くしましょうというのも、これも「愛語を根本とするなり」。人を慈しむ言葉から、外交面の交渉が始まっていくのではないのでしょうか。

向かいて愛語、陰で愛語

「向かいて愛語を聞くは表を喜ばしめ心を楽しくす」というんですが、面と向かい、「この度の地震、大変でしたね。お互いにがんばりましょうね」

面と向かってこうやって笑顔を傾けますと、おもわず目がほころぶんですね、顔が。「ありがとうございます。お互いにがんばりましょう」となるのですが、それが「向かいて愛語を聞くは表を喜ばしめ心を楽しく」するんですね。「向かわずして愛語聞くは肝に命じ、魂に命ず」というのは、第三者からこのことを聞くということです。

私は先程、父親がはやく亡くなったと言いましたが、学生時代に父を亡くしました。それから永平寺に行きました。その間、私の寺を和田秀賢師という老僧が面倒をみてくださってたんです。その方は本当に厳しい方でした。たとえば永平寺から帰った後、一番遊びたい盛りだったので、深夜二時くらいまで遊んでいる事が、よくあったんですね。深夜二時頃まで遊んで家に帰る。そっと帰りまして、すぐに布団にもぐり込んで寝るんですけども、朝決まって六時になりますと、ゴーン、ゴーンと本堂で音がしているんです。

「いやぁ、老僧が起きておられる。でももうちょっと寝よう」で、寝るんですけど、あっという間に三十分が過ぎてしまい、起きなきゃと思ってあわてて着替えて、後ろにパッと座る。しかし座ってお経を始める頃には、もう終るんです。私が初めのお経と老僧の終りの挨拶がだいたい一緒なんです。老僧が私の方を振り返りまして、

「おはよう」

と言われるんです。顔は厳しく、なんか美川憲一みたいな声なりまして、

「おはよう、毎晩大変だなぁ」

と言われ、

「………」

何も言えないです。

何時かはまた文句を言われて、

「早く、早くお経を拝んで。塔婆の字なんて飛んで逃げるような字を書いて。本当にコンニャクみたいな性格だ」

とか。そこまで言わなくてもと思うんですけど、そうしたら泉龍寺の役員さんが二部（溝口町）のお寺（和田秀賢老師のお住まいの伝燈寺）の方に行かれて、拝んでもらったと言われるんです。役員さんが親戚のお宅に行かれた時、

「おい、お前の話をしておられたぞ」

と。また、あの老僧がわたしの悪口を言っておられると思い、「いやだなぁ」と思っていましたら、

「お前をな、二年間のうちに一人前の和尚にしなくていけないと言っておられたぞ」

と言われたんです。そしてさらに、

「お前をな、何とか人に拝まれる和尚にしなきゃいけない、と言っておられたぞ」

と言われるんです。私は「はっ」としました。

和尚さんというのは仏さんがあり、仏さんに向かって拝んでいるように思っていたんですが、実は皆さんはその後方で拝んで下さっている。ただ和尚さんというのは仏さんを拝むのもそうだが、後ろから私の背に対し、皆が手を合わせられる和尚になれっておっしゃっていたんです。

その為にはこんなに夜遅くまで遊んでいては駄目だろう。こんな字を書いていたら人が拝まないだろう、はやく一人前の和尚になれよ自分の寿命は少ないぞ、というようなことを言われていたんですね。

一日も早く人に拝まれる和尚にしなくてはいけない、実はその老師が昨々年亡くなられたんです。私は、それがまさに向かわずして愛語を聞くことだとわかりました。直接、「しっかりしろ、がんばれよ」と言われると腹がたってくるんですが、第三者を通して愛語を聞くと、「あぁ、そこまで私のことを思ってくれたのか」ということになるんです。

私もほめてください

こうやってお話をして講演を済ませますと、皆さんが、

「泉龍寺の和尚さんの話は、本当に良かったな」

向かわずして、誰か私のお話をほめてくださると、

「ああそうですか、みんな素晴らしい方なんですね」

と、なるんですね。それが逆に、

「全然面白くなかった。よくあんな話しなったもんだ。恥ずかしくないのかな」

それが耳に入ってしまいますと、二度としないぞと思ってしまうんです。何か無理矢理ほめろと言っているように聞こえるかもしれませんね。誰も思わず悪口も言ってしまうん

ですが、人の悪口というのは第三者を通して聞くと余計腹がたつんです。夜、寝れなくなってしまうんです。これがまさに「向かわずして愛語ではなく、悪口を聞くは肝に命じ、魂に命ず」なんです。だから人を褒めなきゃいけない。そして、さらに褒める事により、その人をより成長させてゆくのです。

「愛語よく廻天の力あることを学すべきなり」、この愛語というのは、人を慈しむと言葉というのは天を巡るぐらいの力があるんです。さっきまでこのにくいおじいさんが、仏さんと思えるような気持ちになる。「愛語よく廻天の

力あることを学すべきなり」というのが、この愛語の章であります。

結　び

自分のできる範囲の中を、自分で決めて無理のないよう、ガンバリすぎないように、今日一日は笑顔にしようとか、鏡を見られて笑顔ってこうだったんだなとか、こういう気持ちが一人の人を助けているんだなとか実践してみてください。そう言った皆さんの生き様、それから老いていく姿、病気の姿、そして死ぬ様子、全部が次の世代の伝承になります。

今の子供達に一番必要なのは「情」ということです。胸を張って老いられて、そして胸を張って病気になられて、そして胸を張って死んでみて下さい。しっかりお花を入れてもらわれて、その時に、出来たら涙を出してもらえる別れをして下さい。それが次の子達への情を生むことになります。

ああ、ああいうふうに言っておられたな、あのことを大切にしろと言っておられたな、人の心を大切にしろと言っておられたなという思いを、ぜひぜひ遂げてやって下さい。今、家庭、地域、社会が大きく変わらなければならない時のように思います。それを変えてゆくのは私たち、みなさん、そうあなた方一人一人の笑顔と情のこもった言葉の掛け合いと私は思っています。

私達は父母、祖父母、夫婦、それぞれにそれぞれが情けを傾けあいながら、お互いに認め合いながら、そして褒め合いながら生活しているのです。満たされない心を補うよう、家庭とか地域があるように思います。

でも、何時か、自分の事を認めてくれた人、自分の事を褒めてくれた人が、居なくなってしまった時、それは自分に順番がまわって来たのでしょう。大切なその自分を認めてくれていた人の思いを、今度は他の人に伝えて行かなくてはなりません。

又、充分な愛情を受ける機会に出会えなかった人も、もしこれまでの思いを、誰かの何かのきっかけで理解していただけたなら、過去を怨まず、これまでの事を反面の教師として、心を笑顔にしていただけたなら、この上ない喜びです。

そして、心に笑顔が生まれるための忙しすぎる今の社会を少しでも、心にゆとりの出来る社会に変えて行くのが、次の世代への私達の仕事ではないのでしょうか。さらに、私たち和尚が、心を伝えること、生とか死とか伝えることが、特に必要になってきたのだと痛感しています。

どうぞ、この本を読まれた方、いろいろの思いをお伝えしてください。今後の心の笑顔の為の参考として役立てたく思います。

あとがき

「忙しいということが、子供達の環境を悪化させている。情が無くなってしまった」。

という講演を始めて五年位になりますが、この為にいつの間にか、自分自身の忙しさが倍増してしまいました。

今日もあるお檀家さんが、和尚さんに会いに何時行っても居ない。和尚さんは、もっとお寺にいていただいて、私たちの悩みや、話を聞いていただける時間のゆとりを持っていてくださらなければこまる。と、懇々とお説教をいただきました。

まったくその通りと思います。和尚さんは、土曜日、日曜日、祭日は法事、友引は会合、それにお葬式等々。

お檀家さまは、そして皆さんは、有名な和尚さん、忙しい和尚さんを期待しているのではないのです。

特に大地震より、わかってほしい、理解してほしい、認めてほしい。そして、褒めてほしい。と、いうことが、人間の心の根底にあるように思います。そして、和尚さんたちは、このことをかつて実践していたのでしょう。

今回、こうやって講演を本にする機会を与えていただき、心の笑顔初版の立花書院さんには感謝しています。あらためて自分を振り返り、確認することができました。

又、この本を出版する思いにいたったのは、四十二歳という節目の時に、父親がどんなことを人々に説いていたいのか、子供達に残しておきたい。ということも機縁となりました。

しかし、こうして文章にして、自分自身の思いを書き連ねると、やはり多くの人に、私の思いを解ってほしい、理解してほしい、認めて欲しい、そして、褒めてほしい。こんな欲張った、心の根底の思いが沸き上がってくるものです。

先日、友人に出会いました。テレビで私の話を聞いたということでした。そして、あの表情豊かな落語家の落語の様子に似ていると。こうして本にまとめる準備をしていると伝えたところ、活字にするよりビデオの方が良いのでは、ということでした。

そうかもしれません。内容の不十分さを、顔の表情、身振り、手振り、間合いでカバーしているのかもしれません。

しかし、何回も目を通し、筆を加え、又、削除し、今の私の思いを詰め込みました。「百万の言葉でも言い表せぬ言葉」という言葉を、学生時代参學の師より教わった言葉を、私は今一度大切にしたいと思っています。

この、言葉の大切さを、折に触れ実感します。今、まさにこの本の中に、今の思いを表しました。表わせぬ思いが伝わるよう、小松強志さんに無理を言って、さし絵をお願いしました。伝わらぬ思いは、今後お伝えできるよう、精進弁道により励まなくてはと思っています。

最後に、檀家のみなさま、講演を聴いてくださったみなさま、最後までこの本を読んでくださった方々に感謝しています。又、お話の題材になった登場の人物、木彫家小松強志さん、二人の子に、家族に、お礼を申し上げます。ありがとう。

好きな言葉の一つに、「親とは子が生まれた時に親になるのではなく、子が一日一日成長して行くと共に、自分自身が親になって行く。つまり、子に親にしてもらっている」と言う言葉があります。

私は二人の子に親にしてもらい、そして、泉龍寺内外の多くのみなさんに、何時も少しずつ和尚さんにしてもらっていると思っています。

そして、さらに昨年の地震後、多くの人の愛語により、この本を書き終えることができました。今、感謝の気持ちでいっぱいです。合掌

平成十三年四月吉日

因幡二十士幽閉の寺　伯耆第十番札所　瑠璃光山　泉龍寺　住職　三島　道秀

著者略歴

氏　名　三島道秀（みしま・どうしゅう）

職　業　伯耆札所第十番、因藩二十士幽閉の寺
曹洞宗瑠璃光山泉龍寺住職

略　歴　昭和三五年五月誕生
昭和五八年三月駒沢大学卒業
昭和五九年三月曹洞宗大本山永平寺修行終了
昭和五九年十月泉龍寺第二十代住職となる

法話内容
因藩二十士の寺（いんぱん二十しのてら）
因藩二十士についての講演
生老病死、老人介護、青少年問題、幼児・育児関係等

教育委員会、公民館、ＰＴＡ、社会福祉協議会等での講演

挿絵

小松強志（雅号千顔）
木彫家、長野県在住
『ぼだい』（日野郡護持会会報）の挿絵
二〇〇〇年春、千体仏を発願

著者　三島道秀

和顔愛語《わがんあいご》で心の花を咲かせよう
泉龍寺住職が伝えたい「ありがとう」と
笑顔で生きるための法話

2024年10月31日発行
著　者　三島道秀
発行者　向田翔一

発行所　株式会社22世紀アート
〒103-0007
東京都中央区日本橋浜町3-23-1-5F
電話　03-5941-9774
Email: info@22art.net　ホームページ：www.22art.net

発売元　株式会社日興企画
〒104-0032
東京都中央区八丁堀4-11-10 第2SSビル 6F
電話　03-6262-8127
Email: support@nikko-kikaku.com
ホームページ：https://nikko-kikaku.com/

印刷
製本　株式会社PUBFUN

ISBN：978-4-88877-313-3